記得惠山精舍裏竹爐瀹茗綠杯持解元文筆澗相仿消渴何勞玉虎絲
甲戌閏四月雨餘幾暇偶展此卷因摹其意即用卷中原韻題之并書於此
御筆

四時之美

董聯橋

四时之美——中国人的生活与风物

老桥 著

中国工人出版社

图书在版编目（CIP）数据

四时之美：中国人的生活与风物 / 老桥著. — 北京：中国工人出版社, 2021.8

ISBN 978-7-5008-7701-1

Ⅰ.①四… Ⅱ.①老… Ⅲ.①节日－风俗习惯－中国－通俗读物②二十四节气－通俗读物 Ⅳ.①K892.1-49 ②P462-49

中国版本图书馆CIP数据核字（2021）第151122号

四时之美：中国人的生活与风物

出 版 人　王娇萍
责任编辑　葛忠雨
责任印制　黄　丽
出版发行　中国工人出版社
地　　址　北京市东城区鼓楼外大街45号　邮编：100120
网　　址　http://www.wp-china.com
电　　话　（010）62005043（总编室）
　　　　　（010）62005039（印制管理中心）
　　　　　（010）62379038（社科文艺分社）
发行热线　（010）82029051　62383056
经　　销　各地书店
印　　刷　三河市东方印刷有限公司
开　　本　710毫米×1000毫米　1/16
印　　张　15
字　　数　178千字
版　　次　2021年9月第1版　2022年11月第2次印刷
定　　价　128.00元

東坡居士

本想着写二十四个节气，加六个节日，结一册三十篇的集子。但是有的节令并没有很动人的故事，也就没有必要强作解人。如王子猷雪夜访戴，文章就停在了二十一篇。把春节、立春放在冬天的结尾，而非春天的开头，也是『为了忘却的纪念』。

疫情平复，带着书稿资料，和近二百幅书画飞回北京。此时已是辛丑立春。把书稿发给出版人冯俊文和『御用』设计师张今亮，他们建议定名为《四时之美：中国人的生活与风物》。这就是呈现在读者眼前的这本书背后的故事。

辛丑夏至，老桥于京东半闲堂

自序

逝者如斯 长日留痕

己亥暮冬，疫情突如其来。老桥时在三亚，也不得不杜门闭户。平时敞开出入，不过是宅在家里，封闭之下却似乎身心被箍紧，感觉失去了自由。每日只能坐在阳台或书房，望着窗外的大海。白色的海浪冲击着沙滩，没有一个人，也没有渔船。幸亏有书读，能写字画画，有网络传递着远方的消息。

那是一个令人难忘的春节，混杂着焦虑、不安种种复杂的情绪。此情此景，反而分外愿意感受古代文人的生活，传统中国的审美意趣，像是在寻求某种安慰：逝者如斯，他们是如何与这个世界相处的？

于是，随手翻开了唐宋笔记、明清小品等资料。在古代，几乎每个知名的诗人都会在节令时吟诗作画，或游历山川，或访友迎客，或汲泉品茗。一边阅读，也一边一篇篇记录自己的所得所感。就这样，如同面对面与一个个古人对话，长日留痕，度过了那段艰难的时光。

行夏之時

目录

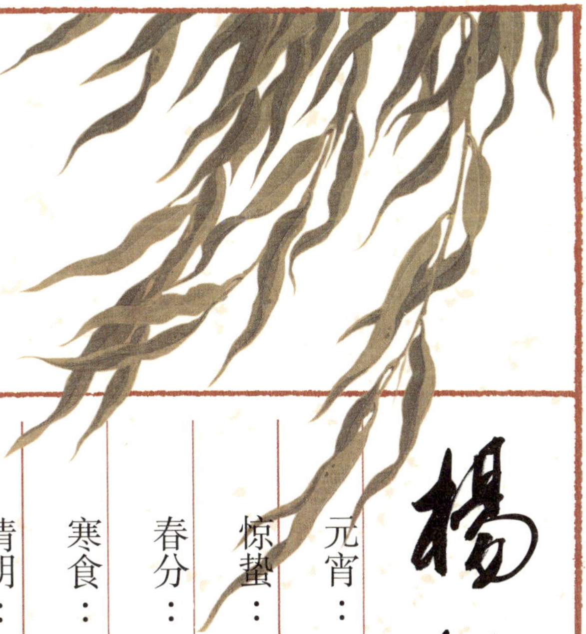

楊柳依依

雨雪霏霏

蒹葭蒼蒼

杨柳依依

元宵

元宵一夜魚龍舞

元宵：元宵一夜鱼龙舞

庚子元宵夜，全家人吃罢元宵，上三年级的小孙女背诵辛弃疾的《青玉案·元夕》，说这是老师布置的作业。

孙女悦耳的童声诵读使我想起了小时候的元宵节。辛弃疾的这首词我从小就会背诵。如果说关于中秋夜的诗词最好的要算苏轼的《水调歌头·明月几时有》，那么元宵夜写得最好的就是辛弃疾这首脍炙人口的《青玉案·元夕》了。

东风夜放花千树，更吹落、星如雨。宝马雕车香满路。凤箫声动，玉壶光转，一夜鱼龙舞。

蛾儿雪柳黄金缕，笑语盈盈暗香去。众里寻他千百度，蓦然回首，那人却在，灯火阑珊处。

元宵夜，千树繁华，烟火如雨。豪车芳香，凤箫回荡。皎洁月亮，行走天空，如玉盘，照白昼。鱼灯龙舞，笑语欢声。美人走过，暗香悠悠，在人群中寻觅千百回，猛然回头，她却在灯火零落处。

辛弃疾（1140—1207），字幼安，号稼轩，济南历城人，南宋词人，与苏轼并称为“苏辛”，为豪放派诗人代表人物。有人把他与苏轼相比：“苏之自在处，辛偶能到之；辛之当行处，苏必不能到。”此言一语中的。

辛弃疾这首词是于南宋淳熙元年或二年（1174或1175年），在南宋都城临安（今杭州）所作。此时的辛弃疾刚从北方率众归宋。失去故园，偏安一隅的南宋朝廷强敌压境，国势衰微，却不思抗敌，沉湎享乐，麻痹国民。来自敌占区的辛弃疾主战不能，看到朝野上下，粉饰太平，便借这首《青玉案》抒发情感。这首词的后半阕尤为经典。王国维用了其中的一句作为成大事者必经的三大人生境界之一。其实，辛弃疾是将孤独的自己放在词中，因为他就是这样的人。

元宵节，又称“上元节”，因道家以正月十五为上元得名。最早可追溯到汉代的祭神活动，真正作为节日是在魏晋之后。天下不分南北，这一天都要观花灯，闹社火，吃元宵。沈括在《容斋随笔》中说：

上元张灯，《太平御览》所载《史记·乐书》曰：“汉家祀太一，以昏时祠到明。”今人正月望日夜游观灯，是其遗事。

宋诗中有元宵节煮“园子”之说，因“园子”是在元宵节吃，所以又叫“元宵”，可见吃元宵的风俗历史久远。只不过南方地区则叫汤圆，做法和包馅都有所不同。元宵是滚出来的，汤圆是捏出来的。

习惯了家乡以红糖、白糖、芝麻、果仁、青红丝等为原料，用糯米干粉在笸箩里滚出来元宵的口味。记得二十世纪六十年代初的一个元宵节，姥爷买了一元钱的元宵，用黄褐色的牛皮纸包着，上面盖一张深红色的方形纸，再用纸绳打十字捆。红纸上印着五个黑字“老鼠窟元宵”，这是省城太原最有名的百年老店的元宵，一包是四十颗。当时家里有我和姥姥、姥爷，还有姥爷的母亲，我们叫太姥姥。炉子上的铁锅煮着元宵，腾腾热气直上屋顶，我在炉子旁盯着上下翻滚着的元宵，眼睛里都是期待。煮好了元宵，三位老人让我先吃。第一碗盛了十个，不一会儿就吃完了；又盛了第二碗，还是十个，很快又吃完了，但几乎仍没有吃出元宵的滋味。姥姥说，这东西不好消化，不能再吃了。姥爷看着我的眼神，又给我的碗里拨了六个，这时的我才开始细细品味出元宵的味道。三位老人分着吃了剩下的十四颗元宵。五十多年过去了，老人们已经走了多年，那最后六颗元宵的滋味令我至今难忘，也为自己的幼稚而内疚。

现在超市什么口味的元宵都有，不必非要等到过节再吃。而且元宵不仅个儿大了，馅也丰富了，但是味道却差了许多。每年元宵节前日，太原市钟楼街的“老鼠窟元宵”店门口，买元宵的队能排数百米长。平时可以在店里吃一碗过过嘴瘾，顾不得血糖高，五块钱买六枚，可以随便加汤。

正月十五的夜晚，街道广场成了一片灯海，花灯制作运用了现代声光电，个头也大了，也多了嘈杂的音乐，少了静静地赏灯。再也回不到那个四合院里家家自己做灯的时代，小宫灯、八角灯及

揚柳依依

元宵：元宵一夜鱼龙舞

◎ 明・佚名《宪宗元宵行乐图》

各色花灯，灯里边点燃的蜡烛随风摇曳。大的挂在门口，小的孩子们提着跑，灯外面用毛笔写着灯谜，想一想心里都暖和。

晚唐诗人韩偓有一首《元夜即席》诗：

元宵清景亚元正，丝雨霏霏向晚倾。
桂兔韬光云叶重，烛龙衔耀月轮明。
烟空但仰如膏润，绮席都忘滴砌声。
更待今宵开霁后，九衢车马未妨行。

正是应景。

另外一首写元宵节的词是贺铸所作：

紫府东风放夜时，步莲秾李伴人归。
五更钟动笙歌散，十里月明灯火稀。
香苒苒，梦依依，天涯寒尽减春衣。
凤凰城阙知何处，寥落星河一雁飞。

这首词说的是东风初起，京城解除宵禁，观灯的美人步生莲花，款款归去，五更时分，钟声响起，笙歌散尽，月色明而灯火稀。香气伴着梦忆，寒意散尽，我脱下春衣，京城不知何处，只见天上银河孤雁远飞。

沈括在《梦溪笔谈》中记载，皇祐五年（1053）狄青奉旨招抚广西，此时侬智高守昆仑关（位于今南宁市宾阳县与南宁市昆仑镇交界处）。狄青到达宾州（今宾阳县），正赶上元宵节。于是大张旗鼓，张灯结彩。宾州城灯火辉煌。当夜宴请将军，第二晚宴请各队军官。二鼓过后，狄青说自己不舒服，要去休息，让孙元规暂时主持宴会，派人陪同客人。快天明之时，狄青还没有回来，参加宴会的客人都不敢退席。忽然有快马来报，当夜三鼓之时，狄青已经拿下昆仑关。

狄青，字汉臣，汾州西和县人，就是今天的山西省文水县，北宋名将。后被文官集团排挤，官职被贬，于嘉祐二年（1057）三月，抑郁而终，年仅四十九岁。

最初观灯的习俗来自佛教。《僧史略》记载："太平兴国六年，敕燃灯放夜，为著令。"宋太宗下旨，上元放灯三夜，下元也放灯三夜，为军民祈福，供养天地辰象佛道。

在此之前，唐代就有放灯之说，玄宗先天二年（713）正月望夜，胡人婆陁请于玄武楼外，燃百千灯供佛，纵都民出观。《西京杂记》也说："元夜，燃九华灯于南山上，照见百里。"《天宝遗事》记载："韩国夫人置百枝灯树，高八十尺，竖之高山，上元点之，百里皆见，光明夺月色也。"可见正月十五观灯由来已久，而且是供佛所始。

想想当年没有今天城市的霓虹灯和楼群的灯光，能有一树燃灯，也可谓远及百里，光明夺月色。据《古今诗话》记载：

> 正月望夜，许三夜金吾弛禁，察其寺观及前后街巷，要盛造灯笼，烧

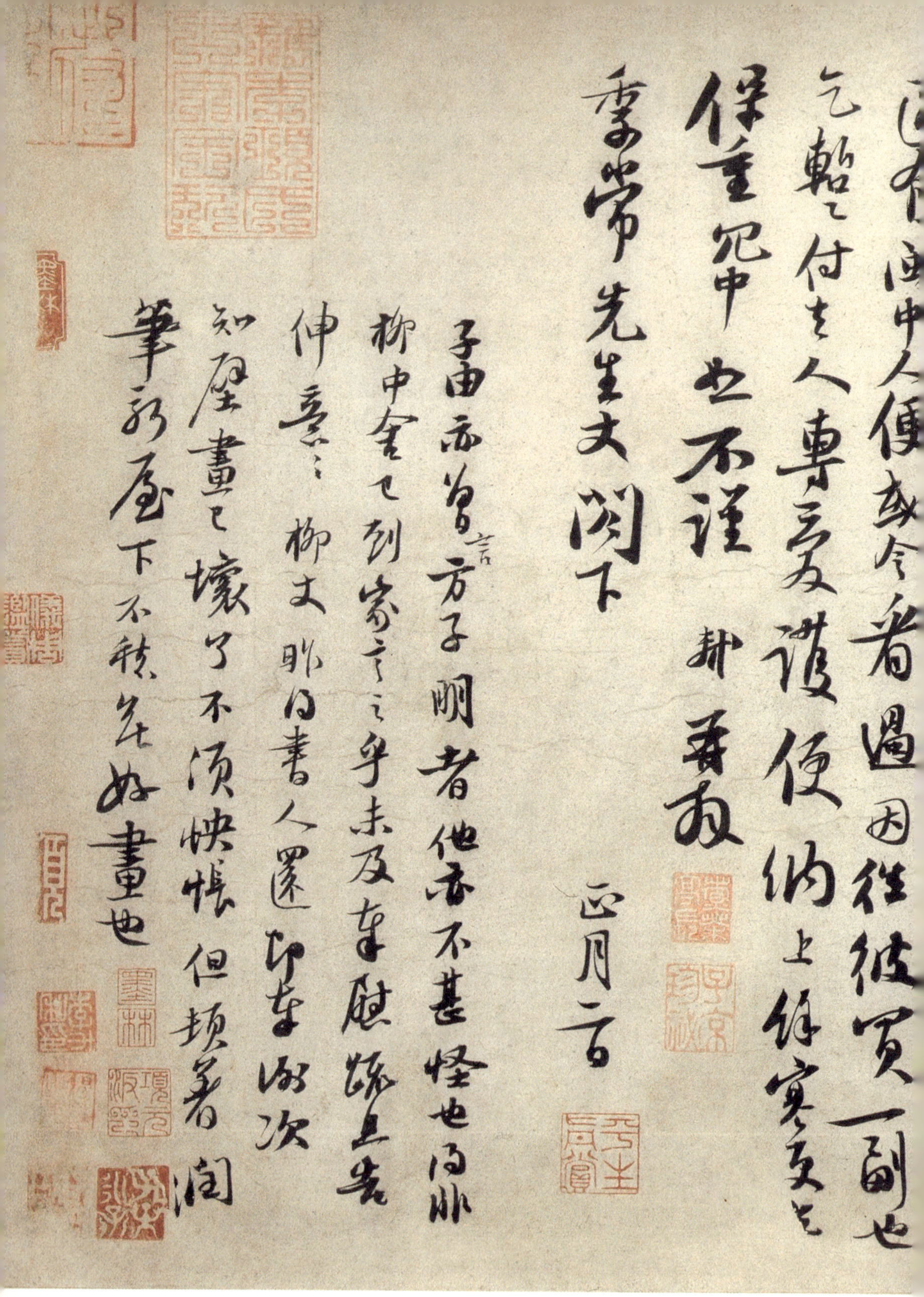
中人便或令看過因往彼買一副也
乞暫付去人專愛護便納上餘寒更
乞保重冗中不謹 軾再拜
季常先生文閣下
正月二日
子由亦曾言方子明者他亦不甚怪也得柳
中舍書已到家言乎未及奉慰疏且告
伸意伸意柳丈昨得書人還即奉謝次
知壁畫已壞了不須快悵但頓著潤
筆新屋下不愁無好畫也

⊙ 北宋・苏轼《新岁展庆帖》

軾啓新歲未獲
展慶祝頌無窮 稍晴
起居何如數日 起造必有涯 何日果可
入城昨日得 公擇書過上元乃行計
月末間到此
公亦以此時來如何如何 竊計上元起造尚未
畢工軾亦自不出無緣 奉陪夜遊也沙枋
畫籠旦夕附陳隆船去次今先附扶劣
膏去此中有一鑄銅匠欲借

灯光明若昼，山棚高百余尺。神龙已后，复加严饰，士女无不夜游，罕有居者。车马塞路，有足不蹑地，被浮行数十步者。王公之家，皆数百骑行歌。

古人的形容非常有趣，犹如一幅正月望夜图。三夜观灯，寺观、街巷，无处不挂灯笼，灿如白日。真是万人空巷，塞车堵路，竟有人被拥挤到两只脚不着地走出数十步。

宋乾德五年（967），距宋太祖赵匡胤黄袍加身已经过去七年，虽说天下还未全归大宋，但是京都开封汴梁已然是一片歌舞升平，国泰民安。宋太祖下诏：

朝廷无事，区宇咸宁。况年谷之屡丰，宜士民之纵乐。上元可增加两夜，起于十四，止于十八。

自此，正月十六开封府以旧例，增加了两夜放灯。这就是要放长假啊！也有记载说，京师的旧例本来是三夜，有姓钱的富豪，居然用钱买了两夜。

二十世纪八十年代初，各个单位都要做灯，正月十五必须挂出来。过了春节再做就晚了，所以一般进入腊月就开始动手。有一年，我们单位让我负责制作花灯，因为要参加比赛，就必须慎重对待。我先搞了一个设计图，然后采购材料，做制作前的准备。那个时候已经不是简单地用竹条绑框糊纸窗花的概念了，但也没有现在灯光电声的水平。我们先是用细钢筋焊一个直径八十厘米、高一米二的花篮灯的结构，再用胶水将各种颜色的塑料板贴上去，大小数十个面上是不同的剪纸图案。顶端是一个高压铁塔的造型，需要用小电机带动旋转，从外面的有机玻璃也可以看到里面旋转的图画。春节休息了三天，上班接着干活，白天晚上加班，一直干到正月十三才算完成。

第二天挂到单位大院进行初评，正月十五公布结果，功夫没有白瞎，在上百个花灯中得了第一名。从那年以后再没有亲手做过花灯。

驚蟄

惊蛰：早春蛰动萌草坼

早春
蟄動
萌草坼

庚子暮春，打算自驾由海南回北京，儿子不放心我开车，专程从北京飞来海南驾车。我们经广东、广西、湖南、湖北进入河南。恰逢老同学丁宏伟正在洛阳，于是下了高速进了洛阳。安排好住处，先会会洛阳的老朋友。几位都是洛阳的文化人士，对洛阳熟悉得不得了。照样一桌水席，七八个人，两瓶白酒。喝得尽兴，站立不稳。

惊蛰刚过，洛阳天气尚凉，周围刚刚有少许绿色。既没有微雨，又没有惊雷。每次走到洛阳我就想起白居易，想起他的“白园”，还有他深爱的居所履道里。

恰逢惊蛰节气，我记得白居易有一首写惊蛰的诗，但是背不下来，用手机搜索一下，果然有。诗曰：

南山雪未尽，阴岭留残白。
西涧冰已消，春溜含新碧。
东风来几日，蛰动萌草坼。
潜知阳和功，一日不虚掷。
爱此天气暖，来拂溪边石。
一坐欲忘归，暮禽声啧啧。
蓬蒿隔桑枣，隐映烟火夕。
归来问夜餐，家人烹荠麦。

白居易早年在长安“京漂”的时候，曾经在惊蛰之时前往终南山旅行，并写下这首《溪中早春》。山里的气温远比长安要低得多，此时的终南山仍然寒气逼人。虽然山涧中的冰雪已经融化，坡上已经有了一些绿意。春风吹了几日，虫动草新，已然是暖和了许多。白居易坐在溪边的石头上，忘却了回去的时间，日暮之时，听着山中各种鸟鸣声，远处的蓬蒿桑枣掩映在夕烟之中。回到家中问今晚吃什么，家里人正在做荞麦面饭。这是一首很有名的节令诗。本来写惊蛰的诗词不多，白居易的诗是接地气的，这正是我喜欢他的地方。

白居易初次到京都时，年龄不大，名号更是无人知晓。他去拜访大文人顾况，并呈上自己的诗文。顾况看了白居易的名字说：“长安米贵，居住不易”。有轻视之意。接着又读白居易的芳草诗《赋得古原草送别》，读到“野火烧不尽，春风吹又生”，叹了口气说：“我曾经说这样的诗已经没有了，今天看到这个年轻人的诗，我前面说的就算是戏言了。”从此不敢小看这位年轻人。

白居易在长安一漂就是二十年，直到五十岁才有了自己的新居。我曾经写过一篇文章，题目就是《白居易京漂住所》。他在《卜居》诗中写道：

游宦京都二十春，贫中无处可安贫。
长羡蜗牛犹有舍，不如硕鼠解藏身。
且求容立锥头地，免似漂流木偶人。
但道吾庐心便足，敢辞湫隘与嚣尘。

在京都当官，钱是不够用的，更谈不上买房，估计那时京都房价应该很高。有多少外地人涌入京都，何况还有外国人在长安做生意、留学、当官。房子紧张了，有了刚性需求价格自然高了。按当时薪水算下来，白居易当个中书舍人，也就是个处级干部，薪水自然是很低，所以还不如粮仓里的硕鼠。

不管怎么样，在他五十岁时，终于有了自己的房子，也就是他诗中说的“新昌坊新居”。这地方在哪呢?《唐两京城坊考》卷三中，有介绍新昌坊位置，“（青龙寺）北枕高原，南望爽垲，为登眺之美”。这个地方价格低，当然也就比较偏，所以诗中说：

青龙冈北近西边，移入新居便泰然。
冷巷闭门无客到，暖檐移榻向阳眠。
阶庭宽窄才容足，墙壁高低粗及肩。
莫羡升平元八宅，自思买用几多钱。

看来面积不大，而且比较简陋。白居易是一个清廉的官，到五十岁才住上这样的房子，也不算奇怪。

到底是诗人，即使是这样的房子，也为其写了好几首诗，可见

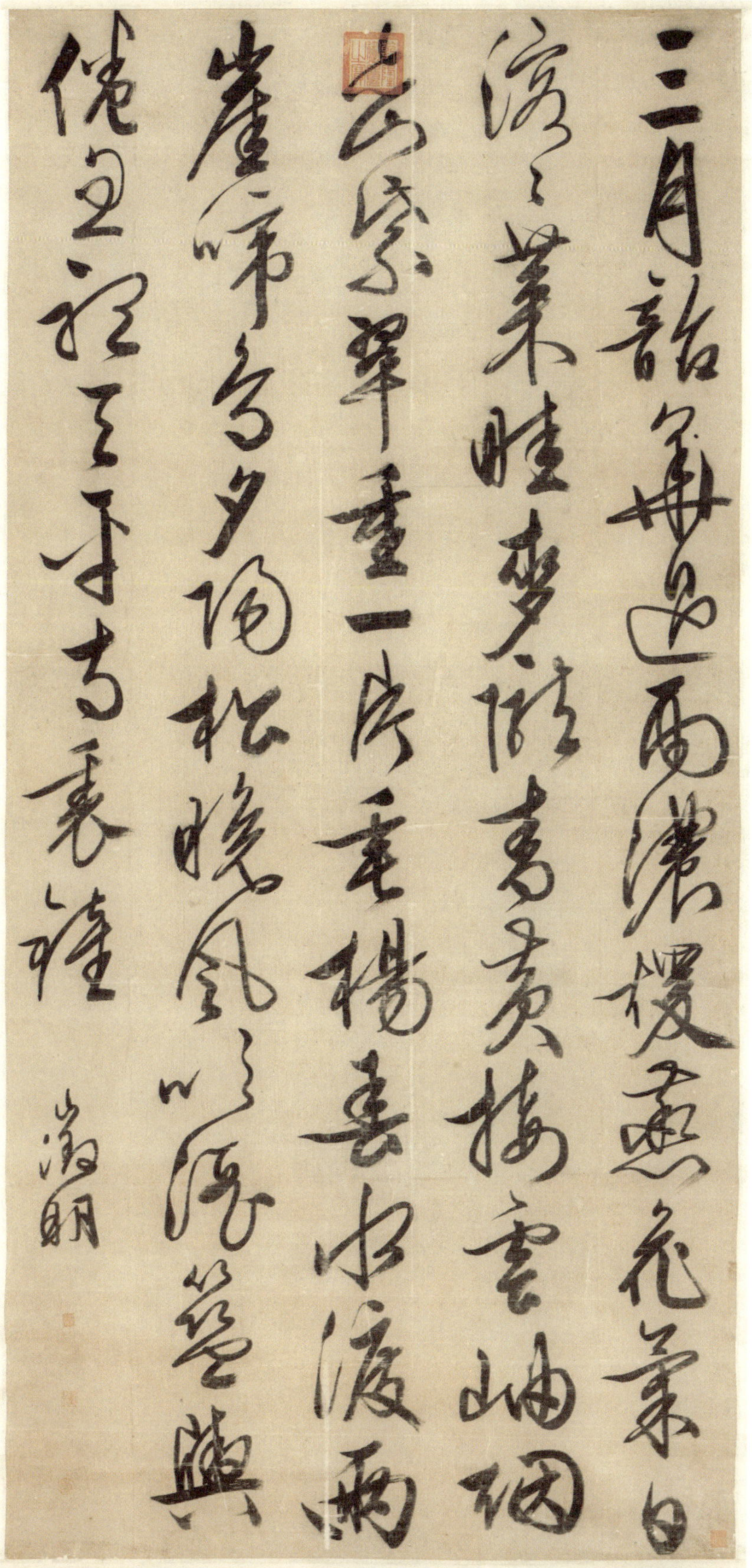

揚柳依依

惊蛰：早春蛰动萌草坼。

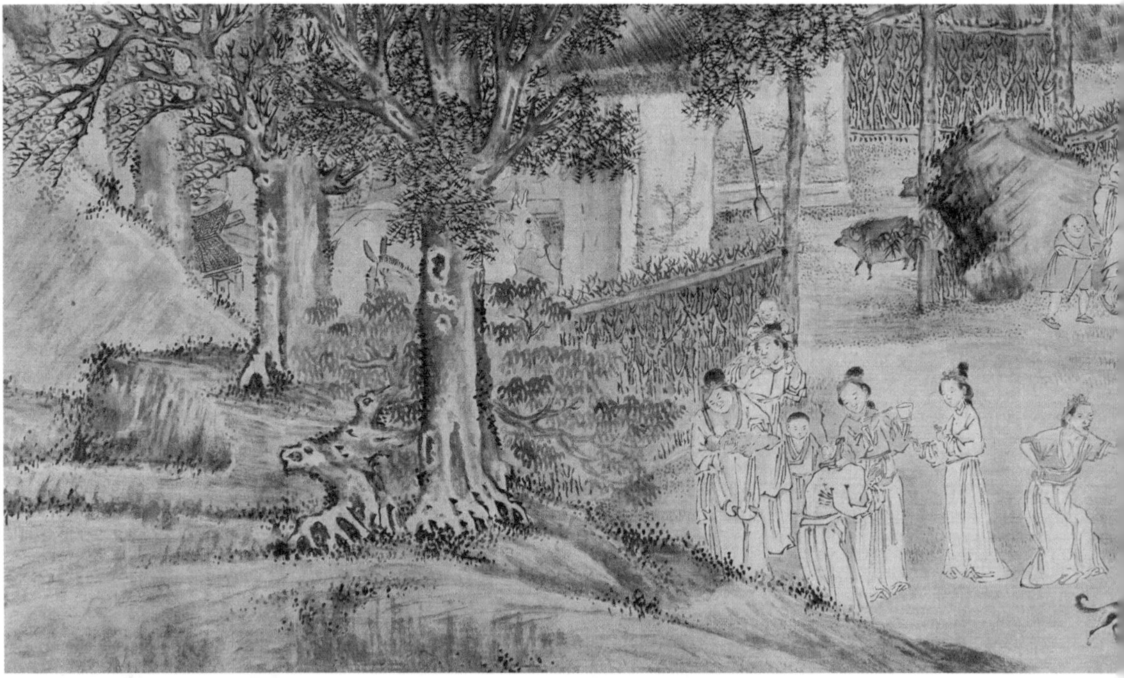

◎ 明 · 张翀《田家春斗图卷》

对新居的纠结。面积不大，且简陋，离上班的办公地又远。但是毕竟是自己的宅子，总是有安稳之心。于是又写了关于新居的一首诗：

宅小人烦闷，泥深马钝顽。
街东闲处住，日午热时还。
院窄难栽竹，墙高不见山。
唯应方寸内，此地觅宽闲。

房子小显然影响了诗人的心情，不过他的乐观心态倒是解决了居住面积的问题，只是想种点竹子也没有了地方，院子不大墙很高，没有了所谓的天际线，连远处的山也遮挡了。

搬到新居迎来了早春，诗人又有感而发（选取部分）：

◎ 清·钱杜《天池修禊图》

静巷无来客，深居不出门。
铺沙盖苔面，扫雪拥松根。
渐暖宜闲步，初晴爱小园。
觅花都未有，唯觉树枝繁。

诗人其实是个爱热闹的人，一下子搬到这个静谧的小巷子，他是不太适应的。所以他觉得烦闷，埋怨没有客人来，显得很冷清。春天快到了，天气渐渐暖和了，轻雷微雨，落花嫩草，白居易戴着斗笠，冒着蒙蒙细雨出来散步。看到自己家的小园子，感觉挺好的，只是树上已经没有多少开着的花朵，只看到地上被雨打落的花。

惊蛰总是伴随着春雨，就如南宋诗人舒岳祥的诗句，"一鼓轻雷惊蛰后，细筛微雨落梅天"（《有怀正仲还雁峰诗》）。陈允平的诗句说得更直接，"一阵催花雨，数声惊蛰雷"（《山房》）。总之，惊蛰与雷声细雨关系很大。韦应物有《观田家》一诗，曰：

微雨众卉新，一雷惊蛰始。
田家几日闲，耕种从此起。
丁壮俱在野，场圃亦就理。
归来景常晏，饮犊西涧水。
饥劬不自苦，膏泽且为喜。
仓禀无宿储，徭役尤未已。
方惭不耕者，禄食出闾里。

在唐开元之后，位卑而名著者十几位，韦应物算是其中一位。最有名的诗句如：“欲持一瓢酒，远寄风雨夕”“山深松子落，幽人应未眠”等。韦应物的《观田家》也同白居易的诗有一拼，都很接地气。细雨新绿，轻雷惊蛰。闲了一冬的农家，开始了一年的农活。劳作结束归来，放牛犊溪涧饮水，一幅美好的农耕图。农民懂得辛勤劳作是为了庄稼的丰收。而韦应物觉得自己虽不劳作，却可以拿到俸禄，于心自惭。

北归出发前的惊蛰之日，于“怡神养素之轩”，取一尺见方净皮宣，细笔勾勒，画两只蟋蟀，一只天青色瓷瓶，上添数片花叶。有白石老人“草间偷活”之意，借助西画表现手法，使之更有立体感，呼之欲出。

身处海南，并未有明显感受到节气的变化，虽无轻雷，却已惊蛰。

春分

濃染紅桃二月花

春分：浓染红桃二月花

《孝经纬》曰：

> 雨水后十五日，斗指甲，为惊蛰，后十五日，斗指卯，为春分。

春分时节，黄河以及山川河流涨水，谓之桃花水。王维有诗句：“春来到处桃花水。”（《南征》）杜甫有诗句：“春岸桃花水。”（《桃源行》）唐代《辇下岁时记》记载：

> 长安士女游春野步，遇名花，则设席藉草，以红裙插挂，以为宴幄，其奢侈如此也。

唐朝有一位女诗人叫薛涛。她对于书房里的东西很讲究，自制花笺，一般认为花笺是自薛涛开始流行。一千多年前，薛涛大概也是在春分之际，出去踏春赏花时萌生的灵感吧？制出了一种桃红色（shǎi）笺，成为薛涛笺的品牌。薛涛制作花笺，全在染色，这是美化笺纸首先选取的方法。她制作的桃红色成为标志，就被称作“薛涛笺”，流传至今。而她的花笺名声远高于其诗名。

以前的纸幅都比较小，日常用的信笺、诗文稿纸也都要裁成小幅，这种纸就叫作“笺”。“笺”字从竹，旁边是戋，是小的意思。笺，也可以写作“牋”，在纸产生之前，字大都写在竹片上。

那么，这种笺纸到底有多大呢?《太平寰宇记》记载，“才容八行”，也有六行的。我们按照古人写字的大小推算，每个字两厘米见方，如果是八行，加上左右留边，宽度大约是二十厘米，高大概是三十厘米。留出天头地脚，每行能写十几个字，一张笺可容近百字。

在白纸上写字，字的大小，行距不太容易把握，要在纸上面打上格子，这就是“界格”。流传于今天的状元卷，根据界栏的颜色，分为“乌丝栏”“金丝栏”“朱丝栏”等。如要印制边框，文人们会想尽办法搞得更高雅一些，比如两边的竖框设计为“相思”二字。也有将“相思”两个字印在中间，边框用十二时辰连起来的，被称作“一日相思十二时”。

对素白笺纸进行装饰美化的主要手段是染色和印花，工艺分为单独染色或者是染色与印花同用。染上颜色印上图画，笺纸就变成了“花笺”。“花笺”是经过装饰的信笺或是诗文稿纸。南朝徐陵编的《玉台新咏》序言中有“五色花笺，河北、胶东之纸”之句。花笺的特征是纸上的颜色和图画，于是就分出两大类，即色笺与画笺。

宋人苏易简撰写的《文房四谱》中提到：

唐初将相官告，亦用销金笺及金凤纸书之，余皆鱼笺、花笺而已。

可见在唐初就有花笺。

唐开元年间，宫廷内已经有精制的花笺。《松窗杂录》记载：

李龟年以歌擅一时之名手，捧檀板押众乐前，欲歌之。上曰：赏名花，对妃子，焉用旧乐词为？遂命龟年持金花笺宣赐翰林学士李白进《清平调》词三章。

所以，薛涛首创花笺只是一个传说。

关于薛涛的桃红笺，唐代诗人徐夤的《尚书新造花笺》一诗中有提及：

浓染红桃二月花，只宜神笔纵龙蛇。
浅澄秋水看云母，碎擘轻苔间粉霞。
写赋好追陈后宠，题诗堪送窦滔家。
使君即入金銮殿，夜直无非草白麻。

诗中的“浓染红桃二月花”就是指桃红笺。词中典故用得好。苏蕙，字若兰，是魏晋三大才女之一，因倾慕英雄才俊窦滔，以一

毛益

清・黄慎《桃花源图》

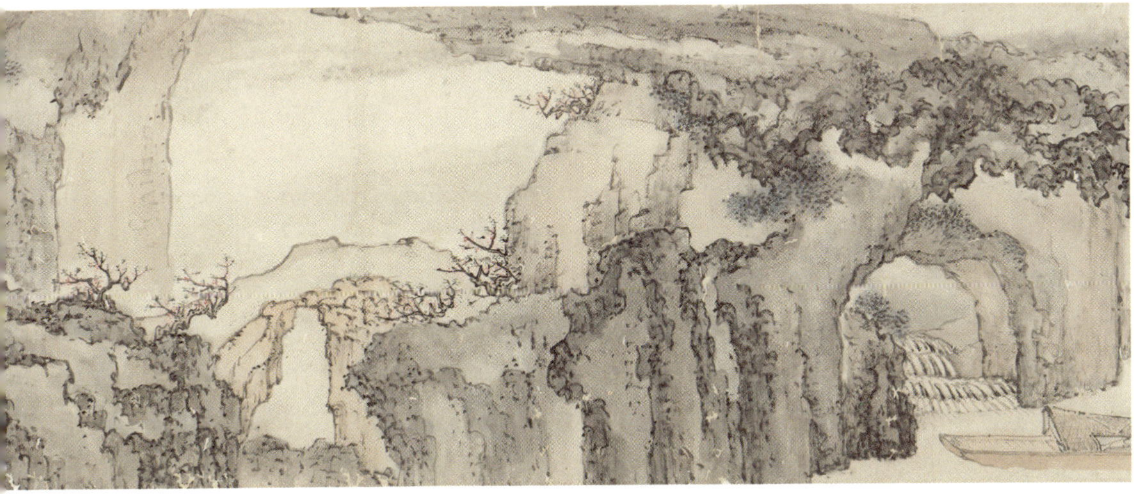

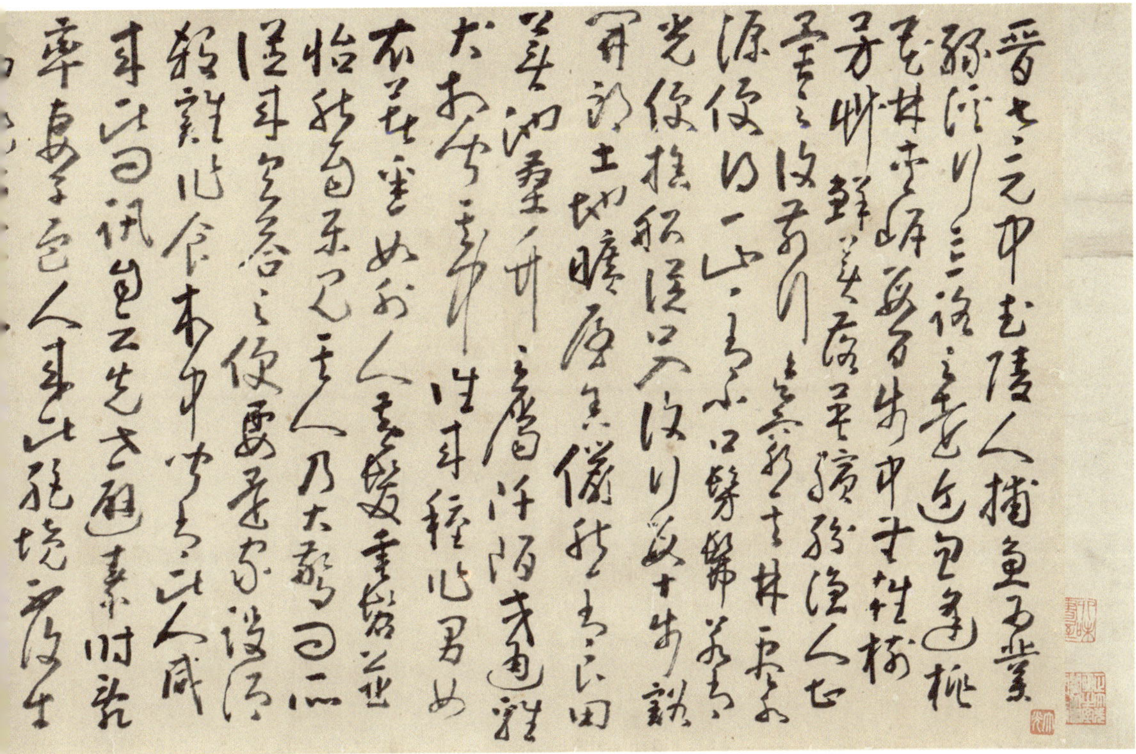

晉太元中武陵人捕魚為業
緣溪行忘路之遠近忽逢桃
花林夾岸數百步中無雜樹
芳草鮮美落英繽紛漁人甚
異之復前行欲窮其林林盡水
源便得一山山有小口彷彿若有
光便捨船從口入復行數十步豁
然開朗土地平曠屋舍儼然有良田
美池桑竹之屬阡陌交通雞
犬相聞其中往來種作男女
衣著悉如外人黃髮垂髫並
怡然自樂見漁人乃大驚問所
從來具答之便要還家設酒
殺雞作食村中聞有此人咸
來問訊自云先世避秦時亂
率妻子邑人來此絕境不復出

纸桃红色笺题诗相送。女孩子主动追求，其意何止一首诗？最终，苏蕙嫁给了自己的如意郎君。

后有历代文人雅士及纸店作坊，出品各色花笺，多以名人字画为底，显得非常清雅名贵。许多文人雅客印制了很多“笺谱”。水印染色或木质刻版的笺谱，当下已成为收藏者手里的宝物。明清时期，仿制古笺纸更为盛行。尤其在康乾时期，手工制纸技艺达到顶峰。仿薛涛笺、仿宋蜡笺，各色染纸、洒金鎏金，百花齐放。清代内务府记载，苏州织造在乾隆年间，有四年中每次进贡仅蜡花笺一项就有一万张，且花样多种。据说现存最早的花笺是南宋张即之的《致尊堂太安人尺牍》，现藏于台北故宫博物院。

宋代词人晏殊，酷爱花笺，曾有词曰：

红笺小字，说尽平生意。鸿雁在云鱼在水，惆怅此情难寄。

斜阳独倚西楼，遥山恰对帘钩。人面不知何处，绿波依旧东流。

读完此词，意犹未尽。一定要寻桃红花笺抄录一遍，才算是了却一桩心事。

晏殊去世整九百年后，我出生了。我有时想，自己喜欢晏殊的词，会不会和这有些关系？

词话中有一则有名的故事：有一年，晏殊路过扬州，听到驿站内有人在吟诗。晏殊问此人是谁，答曰是江都尉王琪，晏殊命人招来。吃罢饭散步，晏殊说每次有了可心的诗句，就写在墙壁上，有些句子几年都难对上，比如“无可奈何花落去”，王琪应声而对“似曾相识燕归来”。脍炙人口的佳篇《浣溪沙·一曲新词酒一杯》即成，人赞情致缠绵，音调谐婉。

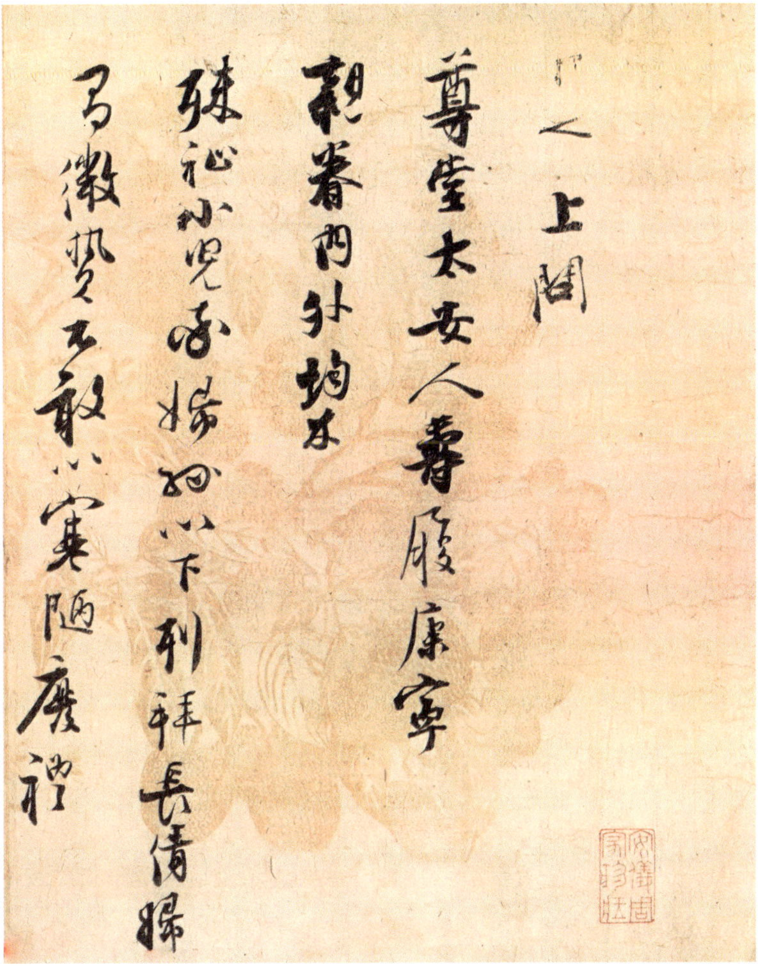
即之上問
尊堂太安人壽履康寧
親眷內外均休
殊祝小兒子婦姪以下列拜長倩歸
乃徹執贄不敢以寒陋廢禮

随着时代的变迁，现代科技的发展，花笺已经由文人实用雅玩的物件，变成一种收藏、欣赏的文化产品。书法圈里的朋友偶尔还要写几幅花笺手札互相寄来欣赏。或定制，或自制，甚至自绘花笺，其本身就是一件艺术品。微信的出现有了更多的手段，比如写完以后拍个照给朋友发去，或者走快递寄过去。

最近制作花笺的作坊越来越多，品质良莠不齐，有些粗制滥造。荣宝斋的水印花笺制作技术非常高，但是传承有了问题，如果失传将是对古代花笺文化传承的重大损失。

现在，我们会在一些文化书店里找到《十竹斋笺谱》《荣宝斋笺谱》《北平笺谱》等，价格不菲。特别是一些近现代名画家的作品印在花笺上，诸如吴昌硕、齐白石、黄胄、潘天寿等，好看得不得了。

本来说春分，结果洋洋洒洒说了一堆花笺的故事。从春分说到桃花，从桃花说到薛涛的桃红笺，咱主要是想看看古人是怎么玩春的。

戊戌年初春，我的《花笺茶事》出版。恰逢桃红柳绿，桃花

⊙ 清 · 禹之鼎《春泉洗药图卷》

流水之时，时间这么巧，这大概和我喜欢薛涛的桃红笺有关。我留了一张仿桃红笺把玩，仿佛眼前是一千多年前，那位美貌女子薛涛制笺的背影。可惜的是，很难读到薛涛写的诗了。

最近总有读者问我，为什么想起用花笺抄写古人茶诗。我也说不明白，大概什么东西喜爱到极致就有了冲动。因为喜欢写字而寻求各款花笺，因为喜欢品茶而读了不少茶诗，因为喜欢古代诗人们的茶事，而写了几十篇文章，仅此而已。

寒食

寒食：寒食无处不飞花

寒食無處不飛花

《岁时广记》记载：

> 去冬至一百五日，即有疾风甚雨，谓之“寒食”。据历，合在清明前二日，亦有去冬至一百六日者，禁火三日，今谓之禁烟节是也，又谓之百五节。

《容斋随笔》记载：

> 今人谓寒食为一百五日，以其自冬至之后至清明，历节气六，凡为一百七日，而先两日为寒食，故云。他节皆不然也。

意思是从上一年冬至算起，一百〇五天即是寒食，也就是在清明节前一两天。在这些记载中，均未提到寒食之来由，只是从节令上记载。历代诗人多有写寒食的诗词中，从中也能读到寒食节的习俗。唐代韩翃一首《寒食日即事》的确是脍炙人口。诗曰：

春城无处不飞花，寒食东风御柳斜。
日暮汉宫传蜡烛，轻烟散入五侯家。

另外，还有杜甫的《小寒食舟中作》，诗中有句："佳辰强饮食犹寒，隐几萧条戴鹖冠。"虽适逢节日，却只能在小舟之上，勉强吃一点冷饭。这是杜甫去世前停留在湖南长沙时写的诗，半年多后凄凉病逝。

白居易的《寒食野望吟》有诗句："棠梨花映白杨树，尽是死生别离处。"白居易行走在清明寒食节的野旷之中，看到的是烧纸钱、扫墓的人们，听到的是哀哀的哭声。他低吟着："冥冥重泉哭不闻，萧萧暮雨人归去。"

韩偓的《夜深寒食夜》以春景抒发情感，以秋千点出寒食。诗曰：

恻恻轻寒翦翦风，小梅飘雪杏花红。
夜深斜搭秋千索，楼阁朦胧烟雨中。

关于秋千，这里要多说几句。《荆楚岁时记》说："春节，悬长绳于高木，士女袨服坐立其上，推引之，名鞦韆。"古人记载，鞦韆是齐桓公伐北戎引进的游戏，即绳戏，今人不用革字旁。所以，秋千也与寒食节联

系紧密。还有苏轼的《黄州寒食诗二首》，是他被贬黄州三年时所作。诗中有句曰：

自我来黄州，已过三寒食。
年年欲惜春，春去不容惜。
……
空庖煮寒菜，破灶烧湿苇。
哪知是寒食，但见乌衔纸。

苏轼的这卷诗稿成为天下三大行书名帖之一，其字反倒比诗的内容更为知名。

古时寒食、清明节，诗人们都会作诗，或咏寒食，或咏清明，或咏踏春，或咏思念。留存甚多，但大多凄凉悲悯。相对来说，我更喜欢韩翃的《寒食日即事》。

暮春时节，长安城内柳絮飞舞，千树花开。皇宫内外，春意浓浓，东风拂柳。夜色初起，日渐暗淡，宫廷传蜡烛照明，其烟袅袅，散入国戚贵族家中。诗中更有借诗讽喻之意，百姓家不见明火，三日食冷，而皇宫贵族依旧灯火辉煌，并无寒意。

韩翃，字君平，南阳人。据《唐诗纪事》记载，韩翃曾被罢官闲居十年。时李勉任夷门首长，邀韩翃做幕僚。此时的韩翃已经是暮年，政治上不得志，只能多在家闲居。建中元年（780）的一日，时近半夜。有客人来，叩门之声甚急。来人恭贺说员外除驾部郎中知制诰。韩翃非常纳闷，觉得一定是找错人了。来人说，有邸报说制诰缺人，中书上报两人，皇上不同意。又请示选谁。皇上说，选韩翃。当时还有另外一位叫韩翃的，是江淮刺史。又报上两个韩翃。皇上批复说，春城无处不开（飞）花，寒食东风御柳斜。日暮汉宫传蜡烛，青烟散入五侯家。又批说，选这个

韩翃。来客问韩翃，这是员外的诗吗？韩翃说，是的，这不会错。真是因为一首诗而出名。唐宋时多有以诗取仕，因为一首诗而走上庙堂的大有人在。

相传寒食节是为了纪念晋国功臣介子推。《春秋·僖公二十四年》记载：

> 晋侯赏从亡者，介子推不言禄，禄亦勿及。子推曰："身将隐，焉用文？"母曰："与汝偕隐。"遂隐而死。晋侯求之不获，以绵上为之田，曰："以志吾过，且旌善人。"

介子推曾追随晋文公重耳流亡列国，在晋文公危难之时，曾"割腓股以啖文公"。文公复国后，介子推没有获得官爵，有怨恨，作《龙蛇之歌》，与其母隐居绵山。晋文公焚山而求贤，介子推宁死不出山，抱树焚死。晋文公将其葬于绵山，修祠立庙，改绵山为介山，并下令于其焚死之日禁火寒食，以寄哀思。后相延成俗，谓之"寒食节"。晋文公还在山上伐木，制成木屐，每当低头俯视时，泪流满面，说："悲乎，足下。"于是称尊者为"足下"由此而来。

介山所在地被立为介休县（由山西省晋中市代管），我的祖籍正是此地。少年时停学，回乡曾往绵山玩耍。庙宇破败，山路崎岖，小桥残缺，荒草侵道，印象并不好。几十年后再登绵山，经过恢复性重建，绵山景区有了很大改观。遗憾的是建了许多酒店餐饮，增添了许多人工景致，少了自然风物和静水幽山。这正是当下历史名胜修复的关键问题。

北宋文人皇甫韶舜有五言绝句《和诣岩祈雨》云：

路尽山尤胜，溪深水愈豪。
寺楼今不见，依旧五峰高。

看来不一定是现在的问题。历来战乱割据，官也无心，民也无力，逐渐残破也是自然的。金代大定元年（1161）进士、监察御史周昂有《登绵山上方》诗曰：

环合群峰插剑长，山如平掌寄禅房。
危栏半出云霄上，秘景中收天地藏。
野阔群山惊破碎，云低沧海认微茫。
九华籍甚因人显，迴秀殊怜天一方。

可见宋、元代时，绵山的景色依旧美丽宜人。历来美景多因文人墨客青睐而有名者，多是因为有诗文传世。周昂觉得绵山景色不亚于九华山，但九华山因李白曾游历于此，才引起后人关注，而绵山景色不输，却因在“天一方”而鲜为人知。

北魏郦道元在《水经注》中记载：“石桐水，即绵水，出介休之绵山，流经石桐寺西。”石桐寺就是介子推之祠。只是今天人们对石桐水也知之甚少。有些遗址和风光如今已经不在，只是留在了古人的诗文里。

今日寒食节好像已经是非常久远的节日了。寒食与清明离得太近，所以人们只是在清明节祭拜扫墓、踏春赏花。明清之时，人们在扫墓祭拜之后，妇人儿童身着艳丽服装，游春玩耍，倒是没有了古时清明的“风吹旷野纸钱飞”。正如张岱小品文《越俗扫墓》中描述：

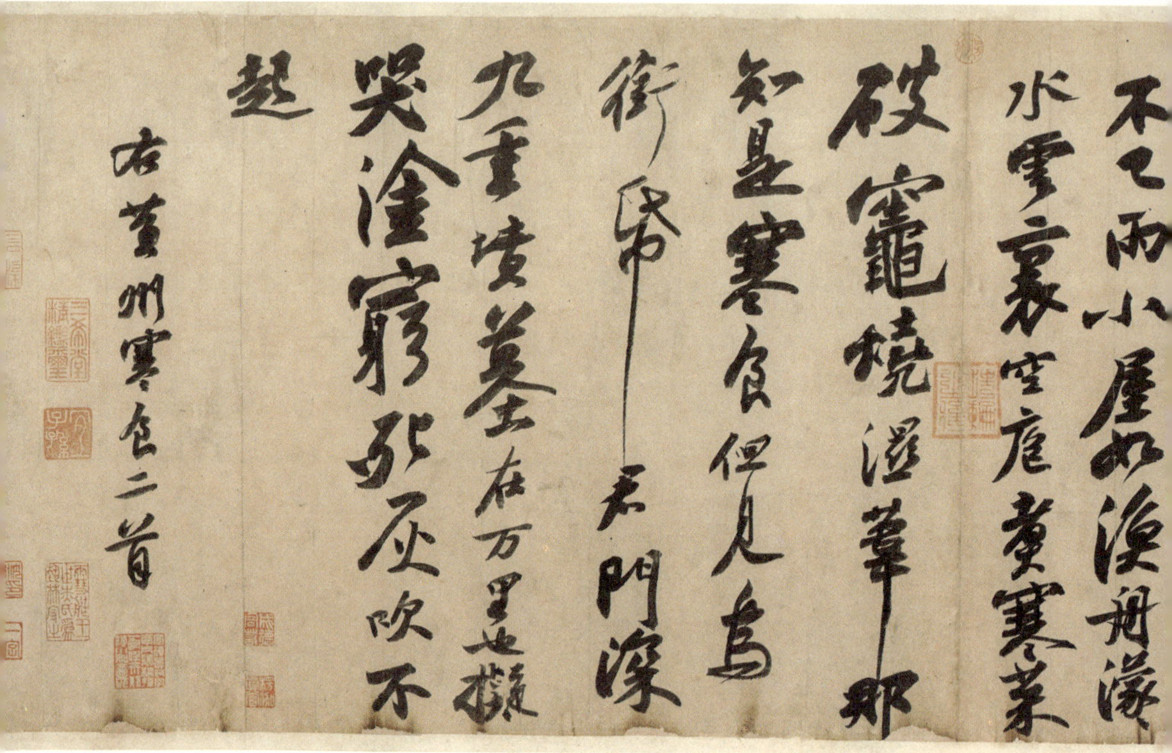

越俗扫墓。男女袨服靓装，画船箫鼓，如杭州人游湖，厚人薄鬼，率以为常。

游湖赏春与扫墓祭祖两个不同的环境、心境是怎么混为一谈的，看来自古以来人们就把清明过得那么不严肃。

寒食节禁火冷食的习俗却流传了很久。苏辙在寒食节前一日寄信给哥哥苏轼，信中有诗句说："寒食明朝一百五，谁家冉冉尚厨烟。"魏武帝曹操听说太原、上党、西河、雁门冬至后一百〇五日"绝火寒食"，说是为了纪念介子推。北方寒冷，老幼体弱，会有不堪后果。于是定了一条法定，命令不得过寒食，如果有犯者，

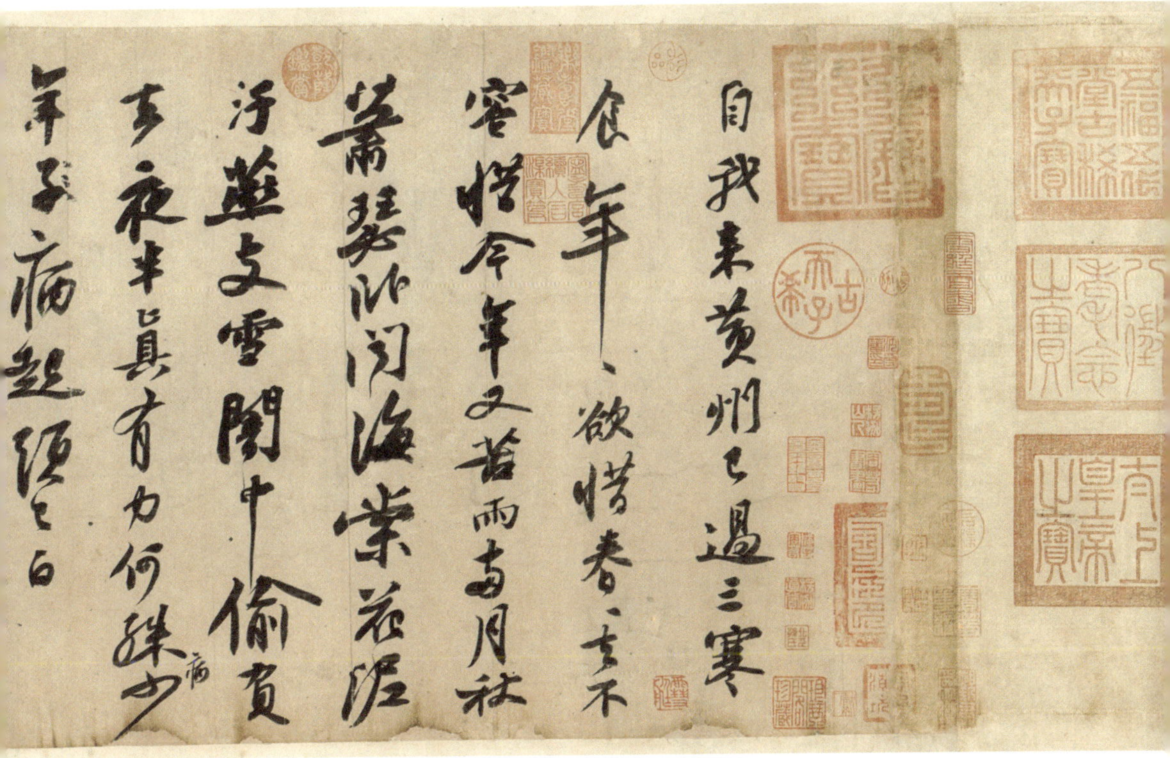

◎ 北宋 · 苏轼《寒食帖》

家长服半年刑，当地主管官员服一百天刑，县令罚一个月俸禄。但是，两千多年过去了，这个风俗并没有因为魏武帝的一纸命令而消失。文化传统总是连绵不断，源远流长。

如今寒食节不用禁火，不用冷食，可以驾车去野外领略春风拂柳，万紫千红，踏春赏景成了今日寒食节的新节目。这些年没有再上绵山，听说游人很多，山上还立了介子推和母亲的雕塑。若真想纪念，何必让他母子风吹日晒呢？

清明

清明：清明游衍莫忘归

清明游衍莫忘归

西汉《历书》说：

> 春分后十五日，斗指丁，为清明，时万物皆洁齐而清明，盖时当气清景明，万物皆显，因此得名。

这可以说是清明节的来由。

古人写清明的诗词很多，我认为，宋代程颢的《郊行即事》写得很好。诗曰：

> 芳草绿野恣行事，春入遥山碧四周。
> 兴逐乱红穿柳巷，固因流水坐苔矶。
> 莫辞盏酒十分劝，只恐风花一片红。
> 况是清明好天气，不妨游衍莫忘归。

这首诗说的是清明时节踏春之事。芳草绿野，遥山春色。随乱红穿街过巷。坐苔矶静观流水。好像程颢没有去过山西，大概喝的不会是汾酒。这样的好天气，不会忘了归期。

宋代的程颢、程颐兄弟二人算是大儒，世称“二程”，奠定了宋代理学的基础。但是我不喜欢这两人，酸腐得很。作为“坡粉”，我觉得程颢在与苏轼的关系上，有些过分，老百姓讲话叫“不经玩”。但不能不说，这位爷还是很有才的。按理说，程颢也是王安石变法的反对者，并因此而被贬。政见虽然与苏轼相近，但是受不了苏轼的幽默讽刺。宋元祐元年（1086）王安石、司马光先后逝世。司马光葬礼的操办者就是这位守正不阿的理学家程颐。在葬礼上，程颐以“古制”为由不准司马光的儿子出来见客。并说：“孔丘是日哭则不歌。”又说：“不言歌则不哭。”苏轼当着所有客人的面说：“此枉死市叔通制之礼也。”嘲讽了这位大儒，措辞如剑，至此两人结下了梁子。

程颐是程颢的胞弟，兄弟二人均是周敦颐的弟子。程颢，字伯淳，河南洛阳人，举进士。宋神宗时做过太子中允，监察御史。后罢官知扶沟县（隶属河南省周口市），并监督汝州盐税，死在任上。文潞公题墓志，称之为“明道先生”。他是宋代理学的奠基者。程颢最有名的诗是《秋日偶成》，写得非常好：

闲来无事不从容，睡觉东窗日已红。
万物静观皆自得，四时佳兴与人同。
道通天地有形外，思入风云变态中。

錦綉月年春台紅衣雪盖一片来喚郭船

力猶徹平生但言憑義氣捨身許友未

覺非郊畿靄靄帶晴雲稻田菜圃望中

分村墟景象多幽趣點綴些些忘帝勛

婦子嬉無節長幼略無文常樂昇平烽

火息霸陵閒卻故將軍柳隄遊客艤

船待一棹輕移山勢改嫣紅粉白夾岸嬌

蘭橈畫舫中流在中流覺渡各紛馳渡

口魚磯疊石為更有一川風景別身在蓬

富贵不淫贫贱乐，男儿到此是豪雄。

尤其是颔联两句，最为流传。我也常常抄写另外两句诗作为对联送给朋友挂在茶室："坐中无俗客，水面有清音。"特别应景。

其实写清明最脍炙人口的是杜牧的七绝《清明》，大部分人都是在儿童时就背得滚瓜烂熟，尤其山西的孩子，背诵之余还有一丝自豪感。诗曰：

清明时节雨纷纷，路上行人欲断魂。
借问酒家何处有，牧童遥指杏花村。

就如同陶渊明说到桃花源，杏花村也是如此，各地都说自己的这个地方才是诗中的杏花村。我曾在一篇文章中说到过，至少要有以下几个因素才能称之为杜牧笔下的杏花村。第一，有杏花树林，第二，有酿酒的历史，第三，杜牧到过此地。杜牧是品酒高手，他的酒诗最多。杜牧应该去过雁北边塞，因留有《边上闻笳三首》。其中有一句："何处吹笳薄暮天，塞垣高鸟没狼烟。"清明时节，回京路经山西汾州，访汾阳王故地，游杏花村，品汾酒，故而留下了《清明》诗，这也是有可能的。但此诗是不是杜牧所作仍有争议，《全唐诗》等诗集中并未收录，南宋谢枋得所编《千家诗》开始出现，以后的诗集都作为杜牧诗作。南宋谢逸有词《江城子》上阕说：

杏花村里酒旗风。烟重重。水溶溶。野渡舟横，杨柳绿荫浓。望断江南山色远，人不见，草连空。

⊙ 北宋 · 张择端《清明上河图》

《苕溪渔隐丛话》记载：

无逸尝于黄州关山杏花村馆驿题《江城子》词，过者必索笔于馆卒，卒颇以为苦，因以泥涂之。

谢逸曾在黄州经过杏花村，且有酒坊，所以杜牧也说不好就是在山西汾阳的杏花村所作《清明》一诗。如今旅游景点成了热门，恨不得老祖宗多留几个景点让后人靠树乘凉，无端生出许多你都不敢想的景点。记得一次去洪洞县，有座保存完好的明代县衙。其监狱因曾关押苏三而知名，在离监狱不远处新立一块牌子，上书“苏三解枷处”，纯粹臆造。不管怎么样，山西汾阳杏花村的位置很难被撼动，就因为那一款历史悠久的汾酒。

清明似乎是祭扫祖坟和踏青绑在了一起，素衣烧香培新土，完事就去郊外寻春。古人清明游春各有体会，明代袁中道清明与诸友游西湖，正值有雨，说：“此雨为西湖洗红，当急与桃花作别，勿滞也。”袁家三兄弟为“公安派”代表，三兄弟个个都是文章高手。尤其袁中郎推崇“独抒性灵，不拘格套”，一扫复古拟古之风。“非从自己胸臆流出不肯下笔”，为明末带来了文坛新气象。

袁中道，字小修，号凫隐居士。万历四十四年（1616）进士，著有《珂雪斋集》。袁家几位兄弟成就很高，寿命却不长。老大袁宗道活了四十岁；老二袁宏道活了四十二岁；老三袁中道活了五十六岁，算是活得最长的。此时落花积地寸余，游人甚少，坐在桃树之下饮酒。脱去外衣，仰卧于地，以面受花，脸上落花多者就喝酒，落花少者就唱歌，以此为乐。有小艇从花间摇出，艇上有茶，各饮一杯，坐船唱着歌离去。明末张岱有《扬州清明》一文，说：

扬州清明日，城中男女毕出，家家展墓。虽家有数墓，日必展之。故轻车骏马，箫鼓画船，转折再三，不辞往复。

张岱一家在绍兴是大户，清兵入城之前，张岱还是富家子弟，挥金如土。张岱小品文多有记载绍兴、杭州、苏州等地的民间风俗，扬州的并不多。但是扬州是明清商贾集中之地，盐商、漕渡带动了本地的商业发达。晋商、徽商云集，会馆、商铺林立，青楼名妓，酒肆戏班。每遇节日，满城沸腾，倾城出动，更何况，憋了一冬天，眼见草长莺飞，柳绿花红。虽然是清明祭祖之日，也不费功夫。这边烧纸祭祖完毕，那边换艳服踏青。于是：

是日，四方流离及徽商西贾、曲中名妓，一切好事之徒，无不咸集。长塘丰草，走马放鹰；高阜平冈，斗鸡蹴鞠；茂林清樾，擘阮弹琴。浪子相扑，童稚纸鸢，老僧因果，瞽者说书，立者林林，蹲者蛰蛰。

是人们在踏青观景，还是人在看人？这段描写可谓是一幅白描"扬州清明图"。张岱眼里的扬州清明的确是"余所见者，惟西湖春、秦淮夏、虎丘秋，差足比拟"。此时，江南茶可摘，众口不调的是明前龙井，苏州的"吓煞人香"（乾隆下江南去苏州之前碧螺春的俗名），还有阳羡、溧阳、长洲、绍兴等茶都开始了第一轮的采摘。

北方家乡，清明时节依旧寒冷，扫墓祭祖尚且踏雪而行，泥泞不堪。柳枝尚无绿芽，花草依然干枯。街上行人还是穿着厚重的防寒服，笨重的大棉鞋。北方的游春踏青须在四月尾尚可，所以没有江南清明的热闹场景。

◎ 明 · 仇英《西园雅集图》

谷雨

谷雨：山家谷雨早收茶

山家谷雨早收茶

古人写谷雨的诗词很多，但有一个主题几乎都会写到，那就是茶。唐代齐己写的《谢中上人寄茶》：

春山谷雨前，并手摘芳烟。
绿嫩难盈笼，清和易晚天。
且招邻院客，试煮落花泉。
地远劳相寄，无来又隔年。

谷雨前的茶山，采茶女子在如烟的茶树间游走。纤手摘嫩芽，红衣映绿树。因为嫩芽太少，很难采满一竹笼。天色晚时，汲来泉水，呼唤邻居，来品一品今年的新茶，这是从遥远的江南寄来的，如果没有寄来，只能等到明年再喝了。说明中上人与齐己亲密的关系，应该是年年寄新茶给他的。

齐已（约 860—937），晚唐时期的诗僧，自号衡岳沙门，湖南长沙人。他经历了唐以及五代中的三个朝代。齐已早熟，六岁就用竹枝在放牧时作诗，而且往往诗有天然句。同庆寺的和尚觉得这孩子有天赋，便劝其出家，正好，齐已家也穷，便拜在南宗领袖仰山大师、慧寂大师门下。奇怪的是，一个在全唐诗中收录八百首诗的"诗僧"，仅次于李白、杜甫、白居易，居然没有被很多人记住，所以一个诗人是否被人知晓的关键是作品。张若虚一首《春江花月夜》成为唐诗顶上的王冠。齐已在诗话中有一则故事，齐已云游天下时，将其所作的《早梅》一诗向诗人郑谷请教。此作为齐已的得意之作。诗曰：

万木冻欲折，孤根暖独回。
前村深雪里，昨夜一枝开。
风递幽香出，禽窥素艳来。
明年如应律，先发映春台。

郑谷读后，微笑拈须说："数枝非早，不如一枝更佳。"齐已一听，恍然大悟，对郑谷肃然起敬，崇拜有加。从此，人们称郑谷为"一字师"。郑谷七十六岁圆寂于江陵，后以其弟子为其整理的《白莲集》传世。

清代郑板桥有诗：

几枝新叶萧萧竹，数笔横皴淡淡山。
正好清明连谷雨，一杯香茗坐其间。

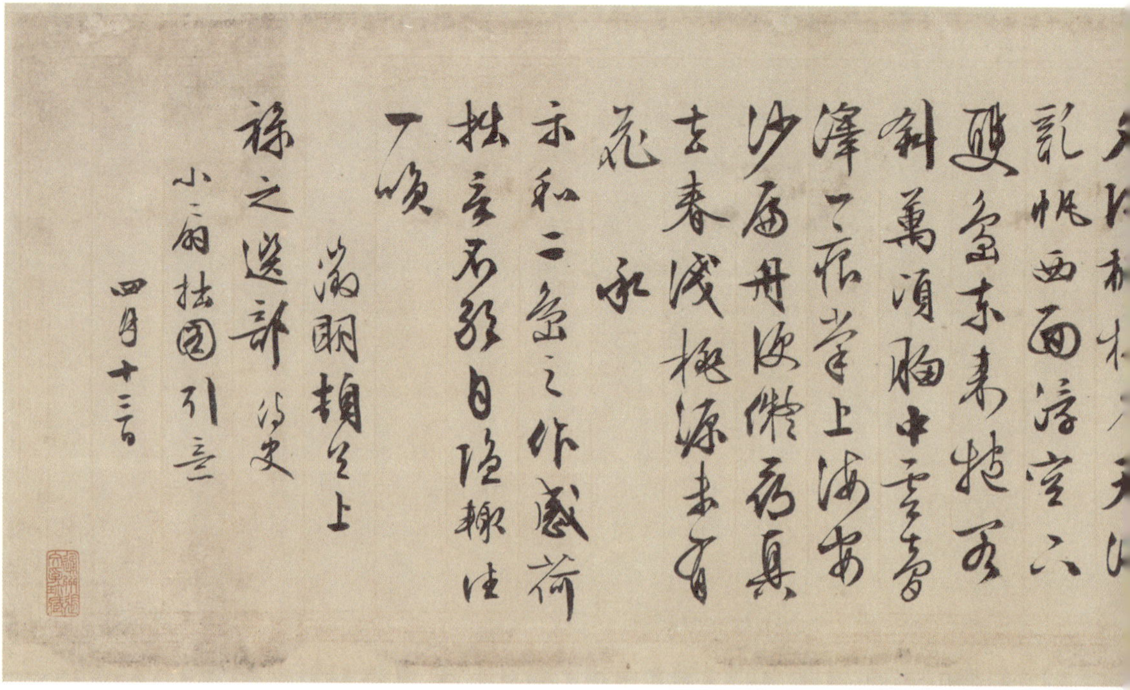

◎ 明·文徵明《林榭煎茶图》

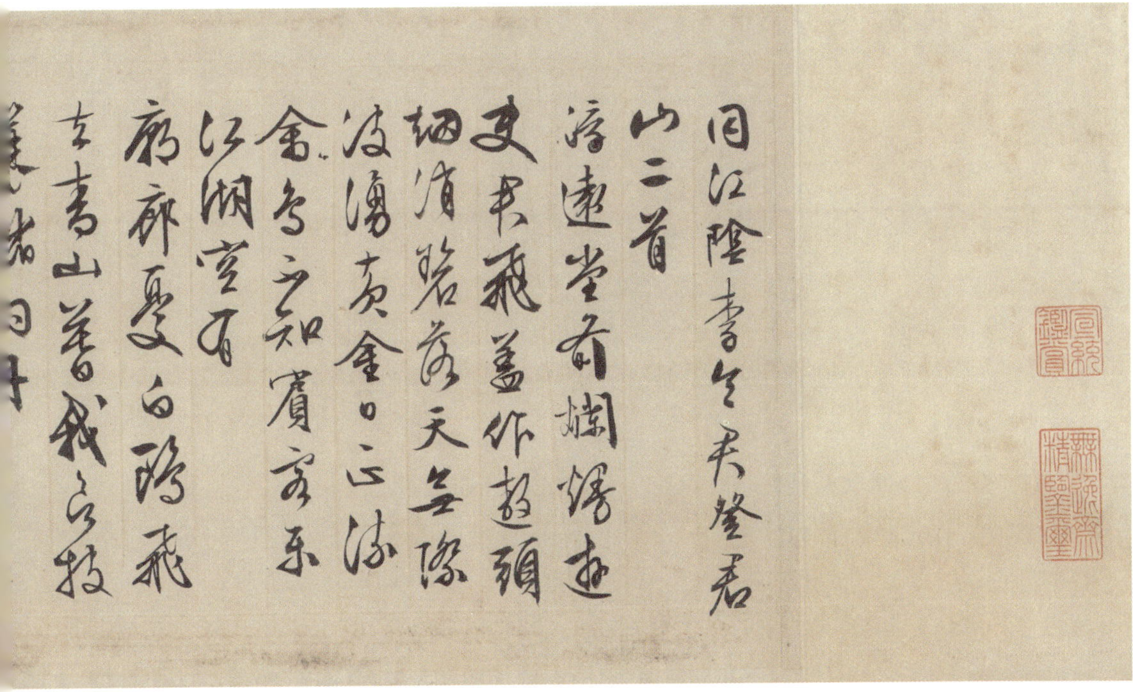

唐人廖融有“拨棹茶川去，初逢谷雨晴”，明代方太古有“春事阑珊酒病廖，山家谷雨早茶收”。可见谷雨节气与茶有非常重要的关系。江南茶讲究明前茶、雨前茶，这雨前茶就是在谷雨前所采的茶。但是在云贵一带，因气候的关系，清明前是没有茶可采的，一般要在谷雨前才能开始采茶，譬如普洱茶。

谷雨是二十四节气中的第六个节气，也是春天的最后一个节气。汉代之前，谷雨是在清明前头。汉武帝将清明放在谷雨之前，一直延续到今天。节气能调整，这也是非常奇怪的事，再说为了什么调整，洪迈的《容斋随笔》并没有讲清楚。《月令七十二候集解》解释谷雨为：

三月中，自雨水后，土膏脉动，今又雨其谷于水也……盖谷以此时播种，自下而上也。

谷雨不单单是“有雨百谷生”，茶也是如此。记得一年初春，我来到云南西双版纳的南糯山，此处也是普洱茶的山头茶产地之一，此地茶苦涩、生津、回甘，虽然没有班章和易武名气大，但是古茶树的遗存非常之多。作为亚热带地区，谁都想不到初春的寒流有多冷。一夜之间，茶树上都结了冰，晶莹剔透的冰包裹着翠绿的茶叶，嫩绿色的芽尖在冰霜的裹挟下，微微颤抖着，连看着都有些心痛。茶农更是不忍去茶山，连连叹息着今年会减产。夜幕降临，南糯山上的气温更低了。窗外看去，黑黑的山影，偶尔有寨子里的灯光。星星很亮，晚上睡觉离不了电热毯，白天离不了炭盆。屋外没有了阳光，连屋子都不想出去。接待我的冉师傅，耐心地拨弄着火盆里的木炭，发着蓝色火苗的火盆偶尔会吹起白色的烟灰。木炭是比较奢侈的燃料，隔壁寨子的村民或者烧柴或者烧煤，听说也有中煤气的人家。那一年的天气很特殊，据说很多年没有这样低温，何况是在亚热带的西双版纳地区。本来是计划在南糯山上过春节的，结果没有等到过年就下山去广东了。

“清明见芽，谷雨见茶。”云南地区的普洱茶多是清明后谷雨前采摘，如果在谷雨后那就只能是雨花茶。含水分多，茶就不好喝了。此时的茶因为雨水充沛，初春的生发，芽叶都很茂盛，味道浑厚，香味怡人。所以雨前茶更为昂贵。更有地方讲究，一定要谷雨当天晌午采摘的茶才叫谷雨茶。当日的茶有明目、清火之功能。

谷雨节前，邑侯采办洞庭东山，碧螺春茶入贡，谓之“茶贡”。《苏州府志》说：“茶出吴县西山，以谷雨前为贵。”王应奎《柳南随笔》云：

> 洞庭东山碧螺峰石壁，产野茶数株，每岁土人持竹筐采归，以供日用，历数十年如是，未见其异也。康熙某年，按候采者如故，而其叶较多，筐不胜贮，因置怀间，茶得热气，异香忽发，采茶者争呼“吓煞人香”。此乃吴中方言，因遂以名是茶名。自是以后，每值采茶，土人男女长幼，务必沐浴更衣，尽室而往，贮不用筐，悉置怀间，而土人朱正元独精制法，出自其家，尤称妙品。康熙己卯，车驾南巡，幸太湖，巡抚宋荦购此茶以进。上以其名不雅驯，题之曰“碧螺春”。自是地方大吏，岁必采办，而售者往往以伪乱真。正元没，制法不传，即真者亦不及曩时矣。

碧螺春形如妇女螺髻，茶中有细绒，汤色不太通透，香味很足。

谷雨时节除了品茶，还有一桩美事就是赏花。陈允平在《过秦楼》中有句："谷雨收寒，茶烟扬晓，又是牡丹时候。"古时牡丹花，俗称"谷雨花"，以其在谷雨节开也。有谚语说："谷雨三朝看牡丹。"

我有过三次到洛阳观牡丹的经历，但是每次都不是最佳时间，往往错过盛开的几日。洛阳牡丹一般在四月十五日以后盛开，所以牡丹节定在四月二十五日。虽然会调整开花时间，有延续地开，现代科技也能解决这个问题，但毕竟不是自然按季盛开。地上有落花，枝上花头也有凋萎。欧阳修有文《牡丹记》："洛阳以谷雨为牡丹开候。"范石湖《吴郡志》：

牡丹出洛阳，倾时，朱勔家圃在阊门内，植牡丹数万本，以缯采为幕，每花身饰金为牌，记其名。勔败，皆拔为薪。

⊙ 魏克《金陵四季图手卷》（局部）

小时候读《镜花缘》，武则天幸洛阳，本不到季节，却命百花一夜盛开。因牡丹是百花之首，故难尊其命，被罢黜花圃。

庚子年谷雨过后，从三亚自驾回京，在洛阳歇脚。丁宏伟、张献文二位好友陪同观牡丹，献文详解牡丹品种名称，总算实现了与牡丹最美的近距离接触，不枉此行。当地画牡丹者众多，往往画俗了。我独喜欢王雪涛的小写意牡丹，非常入眼。

醑金荷春羅鬟疊壽長陌雲
縷重紫浴絳河玉鑑和鳴鸞
對舞寶枝連理錦成窠東
君造化勝前歲吟繞清香故
琢磨

牡丹一本同幹二花其紅深
淺不同名品是兩種也一曰
疊羅紅一曰勝雲紅艷麗尊
榮皆冠一時之妙造化密移
如此寢賞之餘因成口占
異品殊葩共翠柯嫩紅拂拂

行夏之時

行夏之时

立夏

立夏：立夏将图荷芰游

立夏将圖荷芰游

《孝经纬》曰：

谷雨后十五日，斗指巽，为立夏。

暮春初夏，寒流不返，阴冷渐去，天气渐热，人们脱去厚重的寒服，身心俱轻。屋外树色，渐浓渐稠，池塘圆影，小荷尖尖。微风吹拂，景色宜人。几乎每个地方的人都会说，此时是我们这里一年中最美的季节。无论南北东西，何尝不是？每逢我问各地的朋友，说什么时间去你们那里最好。大家几乎都是这样回答，四五月呗。这个季节每个诗人都难以沉默，不写几首诗不足以平复寒冬冷春以来的心情。古人写立夏的诗词很多，南宋诗人薛澄的一首《立夏》，写出了立夏时节人们对夏天到来的欣喜和秀丽风光。

渐觉风光焕，徐看树色稠。
蚕新教织绮，貂敝岂辞裘。
酤有烟波好，将图荷芰游。
田间读书处，新笋万竿抽。

薛澄，鄞县（今浙江省宁波市鄞州区）人，宋孝宗乾道二年（1166）进士。薛澄留下的诗不多，除了这首《立夏》诗，还有一首《效朱公叔绝交诗》写得很有意思，诗人骂人不带脏字。诗中有句："恶木是息，恶声是鸣。食不弃腐，饮不择清。""凶残满志，嗜欲惟撄。伸颈招风，使凤自惊。"《宋诗纪事》只选了这一首。

《立夏》诗可以说是其代表作，诗中描述江南立夏时节风光。因为我喜欢画荷，所以最喜欢诗中句曰："酤有烟波好，将图荷芰游。"唐代诗人韦应物写下了《立夏日忆京师诸弟》，诗中有句："长风始飘阁，叠云才吐岭。"宋代陆游写下了《立夏前二日作》，诗中有句："余春只有二三日，烂醉恨无千百场。"赵友直写下了《立夏》，诗中有句："睡起南窗情思倦，闲看槐荫满亭台。"杨万里写下了《闲居初夏午睡起》，诗中有句："日长睡起无情思，闲看儿童捉柳花。"明代祝允明写下了《首夏山中行吟》，诗中有句："山僧过岭看茶老，村女挡垆煮酒香。"皆流传佳句。

晋崔豹《古今注·草木》：

芙蓉，一名荷华，生池泽中，实曰莲。花之最秀异者，一名水芝，一名水花。

明·仇英《周茂叔爱莲图》

这个季节是画荷的季节。我画的荷花，常常被朋友求去作婚礼现场的中堂，取百年好合之意。近代大师们画荷者众多，但风格各异。大写意中吴昌硕、齐白石的荷花各有千秋。尤其是白石翁的荷花，无论新荷、老荷、残荷，红花墨叶，布局廾阔，看似粗枝大叶，却又精心布置。在大写意的荷花上作工笔蜻蜓，尤其蜓翼，细致入微，一丝不苟。与荷花、莲蓬相呼应，妙趣横生。张大千工写兼有，婀娜多姿，色彩艳丽。构图极为巧妙，大约与大千先生善画美女图有关系。王雪涛画荷亦多，作为小写意的代表画家，荷花更加有情趣。与其老师齐白石不同的是，他画上的蜻蜓等小虫都是小写意，而且多种草虫同入一幅画，静中有闹，精灵生动。如果雪涛先生的草虫如白石老人一样，也是工笔草虫，那就没有王雪涛小写意花鸟今天的名头了。潘天寿的荷花独树一帜，多是“险中求胜”。荷花及枝叶多是斜出，而且多用怪石，笔法老辣，点画如铁，画史上很少有人如此构图。我喜欢明代陈白阳的水墨荷花小品。清新淡雅，水墨荷叶各种姿态，随风荡漾，衬托着白描的花瓣，丰腴饱满，暗香清远，犹如唐代美人图。

邹一桂的《小山画谱》中说：

> 清明后生圆叶，初贴水如钱，渐高如盖，色青翠。六月花开，重叶者多至百叶，惟大红十八瓣者为佳。

每年立夏后，我一定会去圆明园赏荷。我不喜欢写生，只是观赏，静静地与荷花对视，直到把荷花盯得害了羞，扭头向别处。粉嫩的花瓣微微张开，花瓣尖尖处一抹胭脂红，花瓣深处露出浅黄色的花蕊，随风摇摆着。我将荷花的千姿百态印在脑子里，似乎已经“胸有成荷”，脑海里有了一幅荷花图。再题杨万里的诗句

“接天莲叶无穷碧，映日荷花别样红”。圆明园的荷塘是在皇家园林里生长，有了皇家的贵气，富家的雍容。犹如公主格格，娇贵万分，在摇摆中撒娇，在微风中嬉耍。

有一年初夏，我去贵州平坝一位学弟家中。在村前有一大片荷花，远远望不到边，正是花开时节，千万朵荷花竞相开放，犹如乡间村姑，少了妩媚，多了淳朴，少了娇羞，多了憨态。这花开得大大咧咧，无拘无束，花瓣红得深深浅浅，荷叶大如席，风吹过，万荷摇动，甚是壮观。在荷塘前有一个小亭子，我建议学弟摆上茶器，供过往人们歇脚饮茶，亭子上题写匾额为“观荷亭”。写一副对联挂在亭柱。上联：“平常心种半亩菜。”下联：“坝上人观千顷荷。”藏头联第一个字合为“平坝”，正是当地地名，那一定是很有古风的事情。

记得我小时候，大概是二十世纪六十年代，有一个纪录片中有舞蹈《荷花舞》，曲子非常好听，至今我都能哼出来。舞蹈家们穿

◎ 北宋·张激《白莲社图》

着长长的绿色的裙子，在裙摆的最下面是一圈荷花花瓣，她们在舞台上款款起舞，像是被风吹着在水上漂，每当我画荷时，耳边都会响起这支舞曲，笔下的荷花如同仙子在纸上起舞弄清影。初夏之日，就坐在画室，煮茶品茗。北方的初夏，少了雾霾，多了蓝天，人总是在北方待着时就总想着南方，等你到了南方又思念北方。人是一种很难伺候但又很容易适应的动物，所以近年来出现的候鸟式人口迁徙使国内水陆空交通大大发展。

此时的我，又想起贵州平坝那一片荷塘，立起身来，取四尺纸，饱蘸水墨，晕染荷叶，白描荷花，浓墨点蕊。一浓一淡，一俯一仰，绽放一花，含苞带蕊。中通外直，亭亭玉立。一只蜻蜓，飞于上方，似落非落，似停非停。题一首自作的荷花诗："墨绿一团叶，花青与藤黄。亭亭小荷立，款款蜻蜓忙。风随墨色去，莲从笔下香。只为听细雨，夜寐不关窗。"一幅水墨芰荷图跃然纸上，就算是对初夏的交代吧。

師曇順與南陽宗炳少文也蓋劉仲思雷仲倫周道祖宗少文張萊民張季碩皆慕遠師德名而投社者也若釋惠永道生耶舍跋陀羅尊者惠睿皆與遠師道洽相契者也惠持則遠師之眷弟也曇順曇常道昺道敬曇詵皆遠師之弟子也是為十八賢至於陸脩靜則遠師與之游送必過虎溪者也陶淵明則遠公為置酒邀之而不肯入社者也謝靈運則嘗種池蓮願入社而遠公止之者也右三人外有驅蛇行者執經俗士與童行佛奴凡十七人皆附於圖自遠公而下十八賢陳舜俞令舉為廬山記人自有傳龍眠李象德素為書其略

白蓮社圖熙寧中龍眠李公麟伯時居山時所作
也即雲松泉石遠為道場不以屋室礙所見也挈
經乘馬以入者謝康樂靈運也藍輿而出隨以酒
者陶淵明也捉手相遇而咲談者社主法師惠遠
與簡寂先生陸脩靜也坐石而相對者罽賓佛馱
耶舍尊者與佛馱跋羅尊者也設師子坐像而讚
佛事者爲門周續之道祖與法師曇常法師道昺
也圍坐於石臺而翻經者彭城劉遺民仲思南陽
張望雷碩西林釋覺寂大師惠永與法師惠持惠
睿也觀流瀑而浣足者南陽張野萊民也踞胡床
而憑几者東林普濟大師竺道生也坐獸皮而執

小满

小满：小满梅黄杏子肥

小满梅黄杏子肥

小满是与农业有着密切关系的节气，在五月二十日或者二十一日交节。《月令七十二候集解》中说：

> 小满，四月中。小满者，物至于此小得盈满。

二十四节气多在农村有体会，城市里并没有多少感觉，除非与季节气温相关的节令。

在我的前半生中，基本没有在农村生活的经历。没有下过乡，也没有插过队。很短暂的一点体验还是在上小学五年级的时候，学校停课不能上学，社会上也很乱，家里把我送回介休农村老家，也就是姥姥的娘家村。

那时候姥姥的妈妈还在，我们喊太姥姥。太姥姥和老姨全家住在一起，她眼睛已经完全瞎了，佝偻的身体几乎弯成了“C”字。老姨是姥姥的姨表妹，太姥姥由她伺候了很多年，一直到去世。村子靠近县城，水很丰富，街上的水井一夜不打水，第二天早上水就漫出水井，所以，上站村是附近生产大队少有的可以种水稻的村子，这在北方也不多见。

小满节气前后，储备秋粮的大缸有大半个人高，挨着墙根一溜。里面的粮食已经吃完了。老姨全家十几口人全是农作的好手，饭量也大得很。好在老姨善于持家，不断地出去找可以吃的东西垫补，熬到新粮食下来。

其实村外的河渠水田里有很多鱼虾，但是这里的人不会做也不会吃，也没有打捞钓鱼的习惯。还有一些野菜，诸如甜苣等不知名的草类，有的野菜真的很苦，但是仅仅靠窝头或者粗粮面是吃不饱的，也就只能忍着吃了。即使如此，我还是觉得在农村比较容易填饱肚子，城里的东西说没有还真没有了。

若干年后，这个村子的水稻地交给了部队耕种，最近回去发现已经开发成商品房了。

前几天，有一位朋友向我求字，内容发在我的手机上，是宋朝人范成大的《四时田园杂兴》。我觉得现在的人在城市待腻了，都想寻找过乡村生活，所以在古诗词中找一种有房有院有菜地花圃的住所，体会一下古人的生活。

过去没有仔细看过范成大的《四时田园杂兴》，为了写这幅作品才认真读了一遍，的确写得好，难怪钱锺书给予了那么高的评价。其中第七首曰：

梅子金黄杏子肥，麦花雪白菜花稀。
日长篱落无人过，惟有蜻蜓蛱蝶飞。

小满时节正是梅子黄杏子肥的时节，燕麦花开得正好，而油菜花已经开过了。门前的篱笆墙一天也没有人路过，只有蜻蜓和蝴蝶绕着篱笆飞来飞去，短短四句，二十八个字，却把小满时节农家的生活描绘得如此生动、温馨。农家诗给农家人看，说的是农家的事，农家一看就懂。

范成大与陆游是同时代的人，他比陆游小一岁，却比陆游早离世十七年。范成大最早流传于世的诗集是《石湖诗集》，盖其自号石湖居士。到了元末明初，他的《四时田园杂兴》已经相当有名，成为经典之作。据说宋孝宗原本叫他做宰相，以为他“不知稼穑之艰”，便舍弃了他。当然他也不能和皇上较真，只好写了《四时田园杂兴》来向皇上表白，按钱锺书的推断，皇上肯定是没有读过范成大的诗，否则，在《石湖诗集》中早有描写农家的诗，而且都是表现同情农民、珍惜庄稼的诗。钱锺书说他的《四时田园杂兴》是中国古代田园诗的集大成者。传诵最广，影响最大。尽管前有陶潜、王维、欧阳修等人，但都是安定休闲，乐天知命，而范成大的诗有了泥土和血汗的气息，有了怜悯农家、珍惜庄稼的用心。

农历四月中旬的时候，夏收作物颗粒饱满，却还没有完全成熟，即小满也。古时的人，无论是官家还是百姓，最关心的还是庄稼的收成。宋代文学家欧阳修做过太守，深知老百姓对庄稼的关心，所以，小满之日，也不会忘了写一首五言绝句。《小满》诗曰：

夜莺啼绿柳，皓月醒长空。
最爱垄头麦，迎风笑落红。

◎明·仇英《蕉阴结夏图》

仇英戲寫

◎ 南宋·吴炳嘉《禾草虫图》

夜莺对着绿柳唱，皓月照醒天空，麦穗灌浆未饱，却笑满地落红。

江南的小满节气却是另外一番景象。

小满乍来，蚕妇煮茧，治车缫丝，昼夜操作。郊外菜花，至是亦皆结实，取其子，至车坊磨油，以俟估客贩卖。插秧之人，又各带土分科。设遇梅雨泛滥，则集桔槔以救之。旱则用连车递引溪河之水，传戽入田，谓之“踏水车”。号曰“小满动三车”，谓“丝车、油车、田车”也。

小满节气刚到，蚕农家里的妇人们就开始煮茧，摇缫车抽丝，为了赶节令，没日没夜地赶工。郊外的油菜结籽了，菜农们收了菜籽即送到车坊榨油，等着客商上门收油。田里的农民将带土的秧苗分离，遇到梅雨天，就要用提水的工具排除田里的积水以救秧苗。遇到干旱，就要用连车汲溪河里的水浇灌稻田。所以“缫丝车”“榨油车”“踏水车”就是所谓的“小满动三车”。城里长大的孩子没有农作物的概念，北方的孩子也没有经历过黄梅季节。从不知道什么是梅雨季节，什么叫作墙挂泪、地淌水。黄梅天对于北方人来说是不好忍受的。诗人们其实是用“梅”字替代了“霉”字，顿时文雅了很多。

北宋末年，有一位诗人叫王之道，不算太知名。他在一首《遣兴》的诗中说：

步屧随儿辈，临池得凭栏。
久阴东虹断，小满北风寒。
点水荷三叠，依墙竹数竿。

乍晴何所喜，云际远山攒。

小满时节的气温还是不稳定，加上阴雨天多，南方潮湿阴冷，诗人穿着木屐，跟在小孩子的后面，特别像现在的爷爷、姥爷跟在孙子、外孙身后的情景。诗人靠着栏杆站在水边，望着池中的荷花，还有依墙种的竹子。有些要晴的天空，天上的云忽遮忽显，远处的山攒在一起。这是少有的描写小满时节的诗，非常形象地表达了诗人内心的活动。王之道是北宋宣和六年（1124）的进士，官至枢密使，曾寻以议和而忤秦桧。他写的另外一首《蒙城早行》我最喜欢。诗曰：

残月千家闭，荒城万窍号。
举头华盖近，回睇启明高。
野迥霜迎面，风清冷透袍。
十年河上路，从此步金鳌。

诗人天不亮就顶着风霜出门，可能是在应天府上班。因为蒙城就在应天府，汴河西上的入京路上。此诗画面感极强。古语说，诗是无言的画。不是所有的诗都如画，那一定是名家名作才可以。

芒種

芒种：芒种四野皆插秧

芒種四野皆插秧

城市对芒种节气反应好像不太大，无论是诗词短文，还是农家谚语，几乎都是在说农村耕作的事情，可见芒种与农时有重要关系。陆游诗《时雨》就是比较典型的芒种时节的农家诗。诗曰：

时雨及芒种，四野皆插秧。
家家麦饭香，处处菱歌长。
老我成惰农，永日付竹床。
衰发短不栉，爱此一雨凉。
庭木集奇声，架藤发幽香。
莺衣湿不去，劝我持一觞。
即今幸无事，际海皆农桑。
野老固不穷，击壤歌虞唐。

古诗词中描写芒种节气的很多，陆游的这首诗是最好的。诗人用白描的手法描绘了芒种时节江淮一带农家忙碌的生活。在芒种节气，田野里全是插秧的农家，干活的人在田地里吃着午饭，到处响起歌声。陆游却像个懒惰的老农民，每日躺在竹床上，白发纷乱，偏爱这一场凉雨。庭院中响着雨打的声音，藤架上散发着花草的幽香，眼前是满田野的庄稼，享受梅雨带来的凉爽。庭院里鸟在鸣唱，持杯一饮，幸得今日无事，庄稼人有土地总是不会穷的，他们击打着农具，一边耕种一边歌唱盛世。陆游写这首诗时，他被贬回乡，做了隐士。陆游活的年岁大和他的心态有关系，他不像辛弃疾那么激昂，也不像范成大那么悠闲。他关心时事，但也能面对现实。

陆游还有一首诗《入梅》，诗曰：

今年入梅日，云脚垂到地。
芬香小麦面，展转北窗睡。
甲夜闻雨声，起拜造物赐。
三登于此卜，一饱可坐致。
语儿高尔囷，戒妇韦尔馈。
击壤歌太平，门无督租吏。

他在诗的序言中写道：“吴俗以芒种后得壬日为入梅，今年正以此日重云蔽天，比夜乃雨，父老以为有年之候，赋诗以识之。”可见陆游是懂老百姓的，不论在朝还是退隐，都关注着民生和年景。从夜里开始下雨看，今年的年景一定不会错。你看，他的诗总是想着

南宋·刘松年《山馆读书图》

农民的日子，想着太平生活的乐趣，想着他们击壤讴歌的样子。

《月令七十二候集解》记载：“五月节，谓有芒之种谷可稼种矣。”长江中下游地区进入了多雨的梅雨季节，也是农业上夏收夏种的季节。庚子五月，我与宜兴书法家何勇一起雨中游绍兴沈园。在刻有陆游词《钗头凤》的墙壁前停留了很久。

南宋范成大也有一首描写芒种的诗，三首七言绝句。表达的是芒种时节突下骤雨，天气转凉的情境。写得非常好，只是读来也觉得冷飕飕的。

其一

梅霖倾泻九河翻，百渎交流海面宽。
良苦吴农田下湿，年年披絮插秧寒。

其二

梅黄时节怯衣单，五月江吴麦秀寒。
香篆吐云生暖热，从教窗外雨漫漫。

其三

一庵湿蛰似龟藏，深夏暄寒未可常。
昨日蒙絺今挟纩，莫嗔门外有炎凉。

范成大是一位了不起的诗人，杨诚斋曾经给他的诗集《石湖集》作序说：“清新妩媚，掩有鲍谢，奔逸隽伟，穷追李白。”《齐东野语》说，范成大晚年在吴郡盘门外盖了房子，因为这里是吴王阖闾所建的“越来溪”

故城的基础，随着地势高低，建了亭榭。范成大还建了一座“农圃堂”，面对楞伽山，临石湖，也是太湖的一脉，当年范蠡就是从这里入了五湖，皇帝还御赐“石湖”二字。从此这里就成了名人胜士常常光顾之地，并且篇章赋咏，极尽铺张之美。

北方的芒种时节不像江南那么忙碌，水稻很少种，麦收还不到时机，也并没有多少雨天，所以难以体会“梅子黄时雨”的景色。记得故乡姥姥娘家村子，离城中十里，是个在北方难得见到的村庄，这个村子从不缺水，田地里经常看到咕嘟嘟冒着泉水。儿时的暑假常常回村里小住。记得村的正街有一口井，村里的人都在这里担水。每日黄昏时，井水下到离井口一人深处。第二天一早，井水漫出井口，流向街道。村外的地有一半种的是水稻，一半种的是高粱玉米，中间种豆类。附近只有这个村的农民会种水稻。大米在这个地方是稀缺粮食，农民家里不舍得吃，拿到城里换粗粮。一斤大米可以换一斤白面，还可以换二斤玉米面。家里孩子多的就靠着换来的粗粮养活着。这个村的土地后来做了兵营，地下水也慢慢少了。去年回乡，因为离城很近，已经逐步被开发了。村里的人全到城里上班打工，土地几乎都被盖成了回迁房和商品房，昔日的农忙季节景象也看不到了。

在这个季节，我喜欢抄录贺方回的词《青玉案》：

凌波不过横塘路，但目送、芳尘去。锦瑟年华谁与度？月桥花院，琐窗朱户，只有春知处。

飞云冉冉蘅皋暮，彩笔新题断肠句。试问闲情都几许？一川烟草，满城风絮，梅子黄时雨。

贺方回因此而得名“贺梅子”先生，一句诗流传千古，太难得了。词人在梅雨天，偶遇一女子，无法形容之美，虽然目送远去，

心中却放不下，有了牵挂和闲愁。今天我们可以想象得到，如果在江南水乡，石桥小径，看见一女子身着旗袍，手打油纸伞，凌波微步，婀娜多姿，你的目光会追随多久？当然贺铸晚年有许多遗憾，也可能是借怀念美女而另有他意也不得而知。陆游的《老学庵笔记》记载：

◎ 宋·刘松年《青绿山水长卷》(局部)

贺方回状貌奇丑，俗谓之贺鬼头。喜校书，朱黄未尝去手。诗文皆高，不独工长短句也。

那一年芒种过后，我由北京市里搬到了京东潮白河畔的半闲堂。房前不大的庭院分出两块种菜，立葡萄架。还种了两棵树，一棵是苹果树，一棵是樱桃树。按照东坡“不可居无竹”的说法，

专门辟了一个角落种了一丛竹子，是一种名为“金镶玉”的品种。竹竿纤细，枝黄叶翠。雨打方显娇羞面，风吹更摆小蛮腰。天天面对，熟悉了每一枝的不同。画竹有了模特，无论雨竹、雪竹、风竹、晴竹，尽在眼前，与画谱上的完全不同，而是活生生的竹林图。有此为伴，此生足矣。

夏至

夏至：夏至圆荷始散芳

夏至圓荷始散芳

夏至前几日，发微信给贵州平坝的朋友，问那片大荷塘的荷花开了没有。朋友说，今年闰四月，天气尚凉，还没有开。

每逢节气节日之时，翻读几首古人写节气节日的诗词，觉得与古人共度时节也是一件非常惬意的事情。这不，今岁夏至时，读到唐代诗人韦应物的诗《夏至避暑北池》，诗曰：

昼晷已云极，宵漏自此长。
未及施政教，所忧变炎凉。
公门日多暇，是月农稍忙。
高居念田里，苦热安可当。
亭午息群物，独游爱方塘。
门闭阴寂寂，城高树苍苍。

绿筠尚含粉，圆荷始散芳。
于焉洒烦抱，可以对华觞。

唐代开元之后，名声高于地位的人有几个，韦应物算是一个。其他还有书法大家李北海、边塞诗人王昌龄等。韦应物官做到苏州及江州刺史，故人称“韦苏州”。我从小就喜欢他的另一首诗《野渡》：

独怜幽草涧边生，上有黄鹂深树鸣。
春潮带雨晚来急，野渡无人舟自横。

由此而喜欢上韦应物的诗。他的诗中常有金句，被人赞叹。最有名的诗句是“欲持一瓢酒，远慰风雨夕”。这是他寄给全椒山中道士的诗：

今朝郡斋冷，忽念山中客。
涧底束荆薪，归来煮白石。
欲持一瓢酒，远慰风雨夕。
落叶满空山，何处寻行迹。

还有“山深松子落，幽人应未眠”“舟泊南雨池，帘卷北楼风”皆佳句。

前面诗里说的是夏至已到，白昼已经是最长的了。天气快要入伏，炎热的天气就要到了。衙门里没有多少事情，只是农村忙一些。虽然身居官位，却时常关心着庄稼的长势，苦和热就不是什么问题。中午时分，喜欢独自去北池避暑，城门紧闭，阴凉之下非常安静，城墙高耸，树叶繁茂格外苍翠。绿色的花朵还没有完全开放，塘里的荷花已然开始散发着芳香。于是抛开烦恼，可以对着花举杯畅饮。

儿时就喜欢白天长长的，因为怕鬼，也怕黑夜了。那时晚上的路灯很少，家里只有一盏十五瓦的灯泡，一到晚上就只能待在昏暗的家里或是小院。夏至后，白天长了，可以与伙伴们在巷子里疯跑，在街道的路边踩雨水，一直到天黑，玩到很晚。城里的夏至，没有农活的概念，只是偶尔去一趟城外玩耍，看到地里那些不知名的庄稼。因为爱吃藕，也最喜欢荷花。记不清哪一位诗人咏藕诗句曰："一弯西子臂，七孔比干心。"一读就记住了。那时的荷花很多，几乎每个公园的湖里都长着密密的荷花，离得很远就能闻到荷叶的香味。喜欢了一辈子的荷花，也为荷花写了很多的诗文，荷花也是我作画中最为常见的题材。常常用墨加青绿大笔扫叶，再用洋红抹几笔花瓣，藤黄或浓墨点花蕊。或添一两只蜻蜓，题一首自作的咏荷诗句。

据说，夏至是二十四节气中最早被确定的节气之一，陈希龄在《恪遵宪度》中说：

> 日北至，日长之至，日影短至，故曰夏至。至者，极也。

此时的长江中下游以及江淮一代正值"梅雨"，空气潮湿、闷热，北方人最受不了的季节。"梅雨"即是"霉雨"，发霉潮湿阴冷。梅雨几日，恰好在江苏浙江一带行旅。雷雨说来就来，空气湿得能拧出水。宜兴书法家何勇先生赠我手书折扇一把，这正是古时江南文人的讲究，夏至时馈赠的最佳礼物，如是妇女还要再赠脂粉之类的。唐代段成式在《酉阳杂俎·礼异》中记载："夏至

易庵

日，进扇及粉脂囊，皆有辞。”扇子生风，可凉，是夏至时最佳赠品，何况扇面书画作品大多山石竹林，荷塘柳烟，不扇都觉得一股凉爽之气。

无锡一带，夏至时，早晨吃麦粥，中午吃馄饨。一般馄饨都是早餐食品，宜兴一家小吃店，专卖小馄饨，本店在湖汊（宜兴市湖汊镇），故名曰“湖汊小馄饨”。市里有自己家开的分店，店面很小，放四五张桌子，是我每次到宜兴必吃的早餐。皮薄馅大，鸡汤作底，加香菜、葱花、紫菜、虾皮、香油、醋、酱油等，当地谚语云：“夏至馄饨冬至团，四季安康人团圆。”

夏至前，正值岭南荔枝上市。从粤西湛江回内地，当地朋友嘱带一盒廉江产荔枝，品种曰“贵妃”，精心打包手提。飞机两个半小时到上海，当晚就端上餐桌，粉嫩柔软外皮，轻轻剥开后，果肉白如凝脂，甜至舌根。与餐者大呼：吾等比昔日杨贵妃吃得更新鲜！

京城夏至，按老北京风俗，夏至起可以吃凉面。记得小时候到北京东琉璃厂姑姑家，山西人爱吃面食，正赶上夏至，姑姑特意做一顿凉面，街上副食店买一斤面条，煮熟后过凉水，拌芝麻酱、黄瓜丝，少放一点盐。说实话，远不如北京炸酱面好吃，更是难比太原打卤面，只是应季而已。

一年初夏，陪老父亲游圆明园，正是荷开叶嫩时。风吹荷叶翻动，更觉香气四溢。历代画家画荷最能题诗，似乎仅是笔墨无法表达完整自己的思想。明代恽南田题荷诗句：

◎清·上官周《庐山观莲》

廬山遠公鑿池種白蓮以十
八人爲社社中陶淵明謝
靈運一因無酒而不至一好
遊而長來對陸修靜云陶

露落还留粉，荷残尚满池。
孤灯自了了，墨雨正淋漓。

清代八大山人题诗曰：

侧闻双翠鸟，归飞翼已长。
日日云无心，那得莲花上。

郑板桥题画诗曰：

秋荷独后时，摇落见风姿。
无力争先发，非因后出奇。

近代吴昌硕题画诗曰：

避炎曾坐芰荷香，竹缚湖楼水绕墙。
荷叶今朝摊纸画，纵难生藕定生凉。

白石老人题荷花诗最多，我最喜欢《画荷》一首：

习习微风入小窗，舍南何处芰荷塘。
清风也有轻狂意，经过莲花亦自香。

真是诗中有画。回到半闲堂，趁着兴致，不顾疲倦，即刻展纸研墨，寥寥数笔，画荷一幅，并自题诗曰：

叶卷积晨露，花尖立蜻蜓。
游鱼吻荷梗，蒲草拂莲心。
水浊荷更洁，风轻香最馨。
若问观荷处，唯有湖心亭。

顿觉清爽中荷香浮动，心都化了。夏日凉风，带着荷香习习而来。

細傾盖林亭要日遲仙子新開壺
裏宅佳人舊雪手中絲便應此會
同桃李酒政頻教罰後詩
此詩雖成而圖未既客各散去寔乙
巳夏五十八日也今年爲丙午適其月日
宿田亦來治予疾盖坐亭竈之悲情
悰甚非昨所信樂之難得雖偶而有
數存焉一樂一慽皆自有定以今之慽
而省昨者之樂不能無感慨也遂補
其圖重録前作庸寫故事云沈周

荷花燕者折荷插銅壺間花葉交
錯止六柄而清芬溢席、、環列壺置席
之中四面舉見花甚可樂客、、亦為之
為樂追暮始散客為趙君中美自淮陽
來韓宿田自城中來黃德敷自崑山
來三人皆非速而至者皆嘉花非園植
風致不減池塘間燕無絲竹而懽度
常情事出偶然而為難得當不無
紀也請賦詩以紀之賦不煩客恐後
其心思其賦者皆予之昆弟子姓在悅
容亭尚作圖系詩云、花供娟、照玉

小暑

小暑：温风至因小暑来

温風至因小暑来

《礼记》中说：

仲夏，小暑至。

自古以来，节气是不会骗人的，过了夏至，暑气渐来。但是中国地域广袤，节气有时候对南北不同地区产生的效果是不一样的。比如京城小暑前后，天气炎热，湿闷难当，而远在最南端的三亚，却没有想象中那么热了。三亚人做广告说，今年三亚成了最佳避暑胜地。有人说，冬天是藏的季节，去了海南，没有了冬季，没有了收藏。《黄帝内经》讲：“故智者之养生也，必顺四时而适寒暑，和喜怒而安居处。”古时虽然没有雾霾一说，但是北方冬天的空气之糟糕，也是没有办法回避的，现代候鸟式生活对不对，也是搞得人一头雾水。

唐人元稹有诗《小暑六月节》，诗曰：

倏忽温风至，因循小暑来。
竹喧先觉雨，山暗已闻雷。
户牖深青霭，阶庭长绿苔。
鹰鹯新习学，蟋蟀莫相催。

这首诗最能体现小暑的气候及周边环境以及动物的反应。忽然吹来的风都变暖了，是小暑节气到了。竹林声喧，感觉雨很快要下了，天气转阴，山色已暗，隐隐雷声传来。窗户前的绿色越发深了，庭前的台阶上绿苔斑斑。猛禽因热而在高空学飞翔，蟋蟀在房屋中墙壁上鸣叫，一幅暑天雨前图。

元稹，字微之，河南洛阳人，居京兆万年（今属陕西省西安市），曾经任监察御史。因得罪宦官而被贬谪，后来又因为与宦官交好而官至中书门下平章事。他和白居易关系非常好，对诗的观点也不无相似，是新乐府运动的主要作者之一。但是元稹也写了不少淫词艳诗，被当时正统诗家唾骂。李肇在《国史补》中描述当时诗坛概况说："元和以后……学淫靡于元稹。"元稹后来从《西厢记》故事提取素材，作《莺莺传》。元稹的第一个妻子是韦氏，字蕙丛。韦氏去世后，元稹悲痛欲绝，写下了千古名句"曾经沧海难为水，除却巫山不是云"。

元稹总是和白居易在一起，人称"元白"。白居易在洛阳的时候，元稹做了左丞相，两个人在洛阳相会，

◎南宋·佚名《柳院消暑图》

◎ 南宋・佚名《溪阴浴牧图》

他送给白居易两首诗。诗曰：

君应怪我留连久，我欲与君辞别难。
白头走侣渐稀少，明日恐君无此欢。

又云：

自识君来三度别，这回白尽老髭须。
恋君不去君须会，知得后回相见无？

不久，元稹在鄂去世，白居易哭诉道：“始与诗交，终以诗诀，弦笔相绝，其今日乎！”可见两个人的感情之深。白居易晚年隐居洛阳，写了很多闲适的诗。写酒、写茶、写美食、写歌姬、写山川、写江河等，无所不有，可见诗人的眼界和胸怀。试看下面这首《消暑》诗：

何以消烦暑，端坐一院中。
眼前无长物，窗下有清风。
散热由心静，凉生为室空。
此时身自保，难更与人同。

这大概是诗人消暑的最好秘诀。他告诉你怎么才能不热：端坐在院子中间，眼前没有东西，窗户底下有凉风吹过，心静了热就会散去，屋子是空的也可生凉。这时要安于自保，不好与别人一样。连老百姓都知道的道理，一句话：“心静自然凉”。

金代诗人庞铸在小暑时节写了一首《喜夏》，有的书上却说成是元好问所作。诗曰：

小暑不足畏，深居如退藏。
青奴初荐枕，黄妳亦升堂。
鸟语竹阴密，雨声荷叶香。
晚窗无一事，步屧到西厢。

庞铸不怕酷暑，那是自然的。因为庞铸的家乡在今天的北京大兴一带。除非庞铸写此诗时已经南渡，不在辽东老家。诗里面有两个物件很有意思，一个是“青奴”，一个是“黄妳”。“青奴”是指竹筒，抱着可以解热。我们夏天的床上要垫凉席，有些就是用竹篦编的。“黄妳”是指黄色纸印的书，试比奶妈哄睡，读着容易发困。小暑时节，躲在屋里不出门，抱着竹筒，手持黄卷书。屋外鸟鸣喳喳，竹阴深深。雨打荷叶，香飘入屋。晚上有凉意，缓步去西厢。

刚才说到金末元初的诗人元好问，其人是山西秀容人，也就是今天的山西省忻州市。元好问也有一首消夏的词。词曰：

绿叶阴浓，遍池亭水阁，偏趁凉多。海榴初绽，朵朵簇红罗。乳燕雏莺弄语，有高柳鸣蝉相和。骤雨过，似琼珠乱撒，打遍新荷。

人生百年有几，念良辰美景，休放虚过。穷通前定，何用苦张罗。命友邀宾玩赏，对芳樽，浅酌低歌。且酩酊，任他两轮日月，来往如梭。

真是把人生看透了。盛夏酷暑之日，突然一阵骤雨急下，打遍池中荷叶。感慨人生百年不过如此，尽情享受眼前的良辰美景。邀几位好友，浅斟慢酌，任日月如梭。

元好问最有名的词是《摸鱼儿·雁丘词》。他十七岁那一年去太原参加科考，沿着汾河向南行进，走到阳曲县境内时，碰到一位猎人。猎人说：“今天捕获一只大雁，我将它杀了。而另一只已经逃脱的大雁不愿离去，在空中徘徊悲鸣，随后一头栽下，死在同伴的身旁。”元好问听到后心中无比震撼，即与猎人商量，买下了这一对大雁，并垒石为丘，把它们埋在了汾河边，称此处为“雁

丘”。通行的人纷纷为雁丘赋诗，元好问自作《摸鱼儿》一首以记之。词曰：

问世间，情是何物，直教生死相许？天南地北双飞客，老翅几回寒暑。欢乐趣，离别苦，就中更有痴儿女。君应有语：渺万里层云，千山暮雪，只影向谁去？

横汾路，寂寞当年箫鼓，荒烟依旧平楚。招魂楚些何嗟及，山鬼暗啼风雨。天也妒，未信与，莺儿燕子俱黄土。千秋万古，为留待骚人，狂歌痛饮，来访雁丘处。

这首词中最为著名的句子，莫过于“问世间，情是何物，直教生死相许”，有多少后来者，引用这一诗句来讲述爱情故事。

阳曲县在太原北三十公里处，正处在太原和忻州中间。忻州通往太原的一个关口叫作“石岭关”，现在的高速公路已经不从旁边经过了。当年的元好问一定是沿着这条路来到太原参加考试。但是汾河还在西边，距此还有一段距离，不知道元好问为何会绕道汾河。一个十七岁的少年，第一次离开家乡，听到了猎人的讲述，产生的念头，不得不说是诗人的情怀和共鸣。

每年暑日去雁北避暑，我就想起元好问那句“天南地北双飞客，老翅几回寒暑”。真是应了我的今天。我也曾经寻找过雁丘遗址，但是已无踪影，那被诗人掩埋的大雁和石丘随着诗人离去了。

山城夕照　自识：『孤城返照红将敛，近寺浮烟翠且重』。钤印：『时敏』（白文）。

山庄草阁　自识：『百年地僻柴门过，五月江深草阁寒』。钤印：『烟客』（朱文）。

秋山红树　自识：『含风翠壁孤烟细，背日月枫万木稠』。钤印：『烟客』（朱文）。

⑫山城夕照　自识：『孤城返照红将敛，近寺浮烟翠且堇』。钤印：『时敏』（白文）。

山庄草阁　自识：『百年地僻柴门过，五月江深草阁寒』。钤印：『烟客』（朱文）。

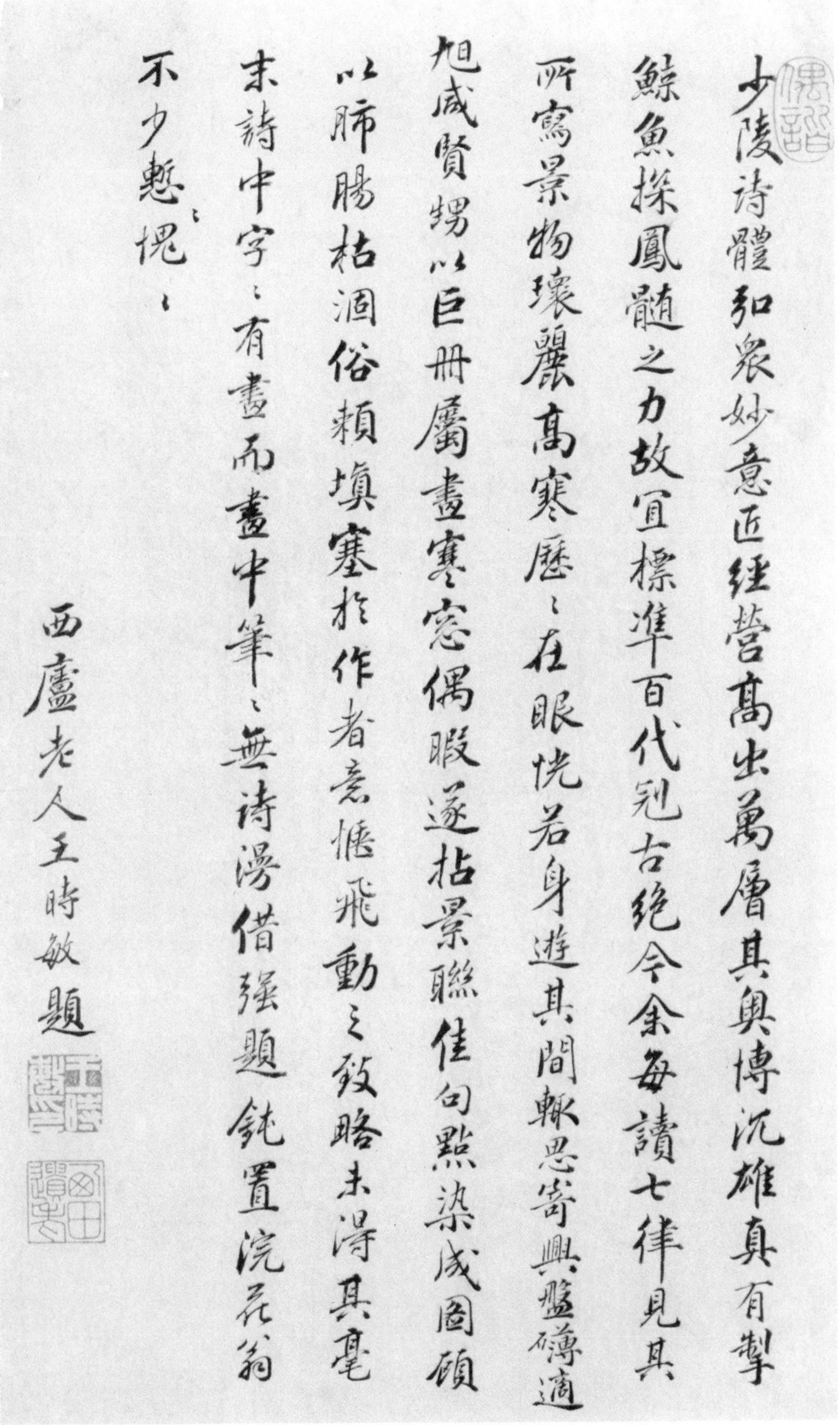

◎尾跋：『少陵诗体弘众妙，意匠经营。高出万层，其奥博沉雄，真有掣鲸鱼探凤髓之力，故宜标准百代，冠古绝今。余每读七律，见其所写景物魅丽高寒，历历在眼，恍若身游其间。辄思寄兴磅礴。适旭咸贤甥以巨册属画，寒窗偶暇，遂拈景联佳句点染成图，顾以肺肠枯涸俗赖，填塞于作者意惬飞动之致，略未得其毫末。诗中字字有画，而画中笔笔无诗。漫借强题，钝置浣花翁不少，惭惭愧愧。西庐老人王时敏题』。

钤印：『王时敏印』（白文）、『西田遗老』（朱文）。

蒹葭苍苍

蒹葭苍苍

中秋

何事長向別時圓

中秋：何事长向别时圆

宋神宗熙宁九年（1076），王安石退出朝廷，出任判江宁府。由其主导的变法前后六年，尽管功大于过，但终因被旧党心存憎恨，皇帝改弦易张而结束。

这一年苏轼却过得很快活，距离其一生转折点的“乌台诗案”还有三年。年轻气盛的苏轼正处于心高气傲、目空尘世时期。中秋之际，苏轼思念远在外地任职的弟弟子由，故写道“丙辰中秋，欢饮达旦大醉，作此篇，兼怀子由”。接下来一气呵成，写下了千古名篇《水调歌头·中秋》：

明月几时有，把酒为青天。不知天上宫阙，今夕是何年？我欲乘风归去，又恐琼楼玉宇，高处不胜寒。起舞弄清影，何似在人间？

转朱阁，低绮户，照无眠。不应有恨，何事长向别时圆？人有悲欢离合，月有阴晴圆缺，此事古难全。但愿人长久，千里共婵娟。

元丰七年（1084），“乌台诗案”过去五年了。此时的苏轼远在常州，京都汴梁到处都在传唱此词。宋神宗问内侍宫外最近有什么小词，内侍们从街巷中录下这一首词呈给宋神宗。神宗读到“又恐琼楼玉宇，高处不胜寒”，感慨地说：“苏轼终是爱君。”即刻下令，命将苏轼移至汝州（今河南省汝州市）安置。

苏轼这首词是公认的古诗词中写中秋最好的一首。也只有在当时的环境、心境中才能出此佳作。苏轼后来也写过几首中秋词，比如另一首《念奴娇·中秋》，就远不如这一首，多了惆怅，多了幽静，多了遐想。

古人几乎每一首写中秋的诗词都离不开月亮，宋人《玩月记》曰：

中秋玩月，古今所同者也。虽古今所同，然故实所始骚人雅士，不多见于载籍，后世未尝无遗恨焉。

意思是说，中秋节赏月，古今是一样的。虽然一样，但是多是起始于那些文人雅士，有记载的不多，后人也未尝没有遗憾。唐代大书法家欧阳询在贞元十二年（796）中秋，召集几位雅友到他在长安的府邸，“赋诗叙景，曲尽其妙”。

说起玩月，冬天则繁霜太寒，夏天则蒸云蔽月，云遮霜侵，都会影响赏月。到了秋天，夏天结束，冬天未来，十五的夜，又在每月之中，符合天道，凉暖相宜。观太空之上，月在云中行走，“升东林，入西楼，肌骨与之疏凉，神魂与之清冷”。这就是古人玩月的境界了。《隋唐佳话》中记载，李翾隐居首阳山，中秋夜，与友人带酒赏月，李翾说：“若无明月，岂不愁煞人也。”杜子美也有诗句：“若无青嶂月，愁煞白头人。”

二十世纪五十年代末，我随姥爷、姥姥被街道居委会要求从两间正房的院子强行搬迁到另一个四合院角落的一间房居住。其实不算一间房，只是房东的一个里屋，对着院子开了一个门就成了另外一间房。

当时家里有姥爷、姥姥、太姥姥三个老人和我，四口人住在不足十二平方米的房子里，而且紧邻茅厕。屋子里半间房都是炕，还有八仙桌和衣箱之类的，塞得满满当当。唯一色彩艳丽的就是被烟火熏黑的墙上贴了一幅工笔年画《貂蝉拜月》，记得好像是工笔人物画大家王叔晖画的。

中秋夜半，皓月高照，花园静谧，貂蝉微露愁容，似祈祷祝愿。面前一只炉架，上有香炉一盏，三炷香袅袅升烟，身后一丛太湖石，石旁隐王允人影在细细观察。从此我知道了中秋拜月，但并不懂貂蝉为什么拜月，更不晓得貂蝉今后会面临怎样的命运。

在每年的中秋傍晚，四合院里，家家摆一个小桌，桌上有红糖月饼、葡萄、苹果等供品。邻居们坐在一起嗑着瓜子，吃着月饼，喝着花茶，聊着各自家乡的中秋逸事。小孩子们绕着供桌笑着跑着，直到跑不动了，躺在大人怀里睡着了，嘴里还含着一牙月饼。月亮依旧在天空中慢悠悠行走。那是我儿时过中秋遗存的一点点记忆。

二〇一二年九月，我与十几位同学游贵州，行至赤水河畔的丙

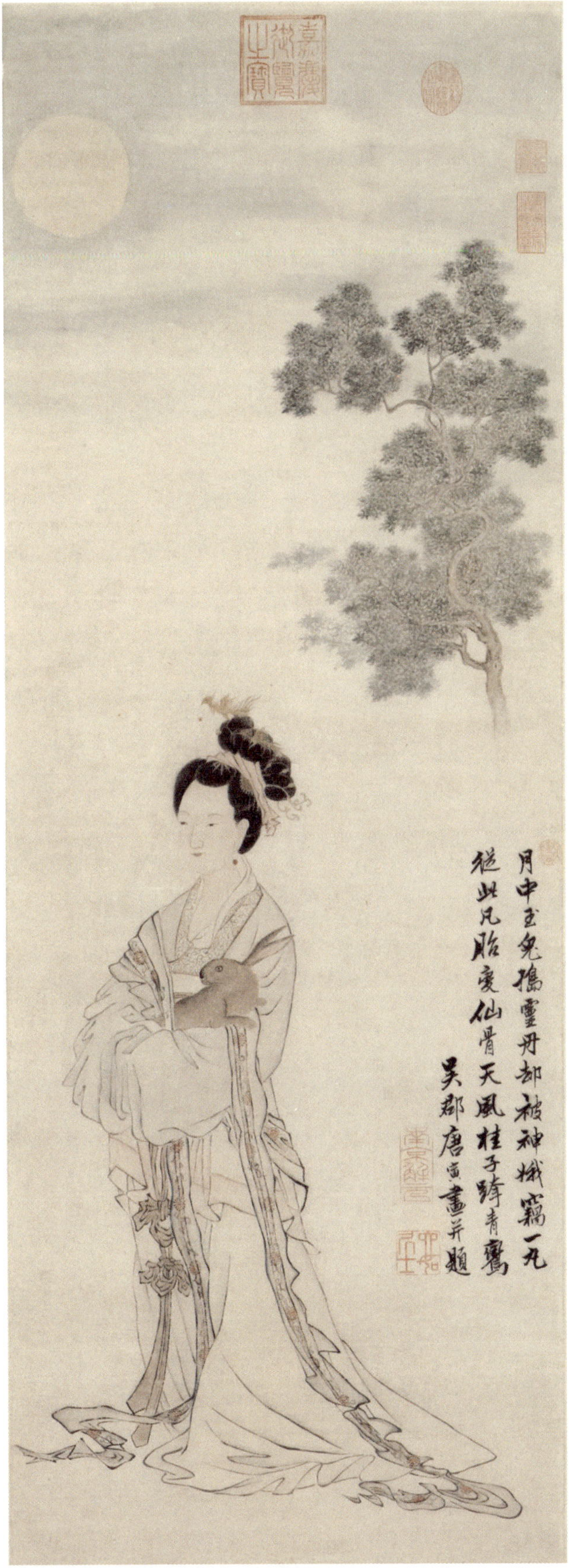

明·唐寅《嫦娥奔月轴》

安镇。正值八月十五中秋节，当晚，一圈人围坐在客栈门前的小茶桌旁，喝着“虫茶”，听着脚下赤水河的浪涛声，等着月亮从山后面出来。乌云渐多，月亮始终没有见到，感觉有点扫兴。

想起吕公著在扬州时，也是恰逢中秋，便令秦少游预先作一句。秦少游吟：“照海旌幢秋色里，沸天鼓吹月明中。”谁知当晚天空有云遮，吕公著笑着说：“你这句子对不上了。”秦少游即刻另作一联：“自是我公多惠爱，却回秋色作春阴。”真让我知道了什么是翻手为云了。

顿时遗憾全无，起身结队，借着天幕间的余光，一渡赤水，跨过赤水河的红军桥，进入丙安镇。

人这一生有过多少个中秋，可以按年计算得过来。但是有过多少次明月当空，有过多少次浮云遮月，谁也记不清了。有月则赏月，无月当有月。心中有月，浮云难以遮挡；心中无月，即使明月当空，也未必眼中有月。其实，古人玩月、赏月也就是图个心境。有谚语说：“八月十五云遮月，正月十五雪打灯。”不过，我还真没有观察过。

《东京梦华录》记载：

中秋节前，诸店皆卖新酒，重新结络门面彩楼花头，画竿醉仙锦旆。市人争饮，至午未间，家家无酒，拽下望子。是时螯蟹新出，石榴、榅勃、梨、栗、孛萄、弄色枨橘皆新上市。

中秋夜，贵家结饰台榭，民间争占酒楼玩月，丝篁鼎沸。近内庭居民，夜深遥闻笙芋之声，宛若云外。闾里儿童，连宵嬉戏。夜市骈阗，至于通晓。

“骈阗”也就是聚集的意思，可见当年东京汴梁的中秋节是如何繁华热闹。中秋节前的准备除了酒店门面重新布置，讲究焕然一新，吸引顾客外，上好的位置也需要早早预订，再有就是准备大量的酒，这是每家必不可少的饮品，没有酒这中秋节就算是没有过。加上正值瓜果桃李上市，一是供月，二是月下享用。赏月是静的，文人雅客要的是一种氛围，街头的闹腾似乎只是民间百姓的自娱自乐。现在看来，没有电视的生活也挺好。中国的节日，除了春节除夕守岁之外，大概只有正月十五和八月十五会“至于通晓”了。

明人张岱讲述在苏州虎丘过中秋之夜最为详细，说：

（中秋月夜）自生公台、千人石、鹤涧、剑池、申文定祠，下至试剑石、一二山门，皆铺毡席地坐。登高望之，如雁落平沙，霞铺江上。

但是来的人不一定是文人雅客，而多是“土著流寓、士夫眷属、女乐声伎、曲中名妓、戏婆、民间少妇好女、崽子娈童及游冶恶少、清客帮闲、傒童走空之辈”。可见中秋赏月之人群的繁杂，其中并未有多少人是真正来赏月的。有看月的，有听戏的，喜欢热闹的，更多的是来看人的。到了月亮升起时，百十处歌乐奏起，铙钹笙呐，大吹大擂。雷轰鼎沸，呼叫不闻。时至二更，渐渐锣鼓声咽，丝竹肉声繁兴。再到深夜，人们都散去了，只剩士夫眷属下船水嬉，犹如今日之卡拉OK，人人献技，征歌比赛。直至三更之后，一切都安静下来了，只有一人登石，没有伴奏，高歌一曲，声如丝竹，裂石穿云，抑扬顿挫，一字一刻。没有人再敢言声儿，静静听，慢慢品，此时的石上仍然如同有百十人在听，不到苏州过中秋你还真是见不着。

二〇〇八年中秋，是我在北京过的第三个中秋。月初上，晴空无云，窗外梧桐影动，邻近有琴声传来，半百之时远离家乡，思绪万千，写了一首《采桑子·中秋》聊以寄怀。词曰：

薄云散尽京都好，明月晴空。远处歌笙，窗外梧桐尽日风。

岁月如烟人虚度，始觉胸空。唯有亲朋，寄情一樽秋风中。

自吟自唱后，不顾血糖高之忌，先服一片二甲双胍，再吃一牙月饼，算是过了一个安静的中秋之夜。

⊙ 晋 · 王献之《中秋帖》

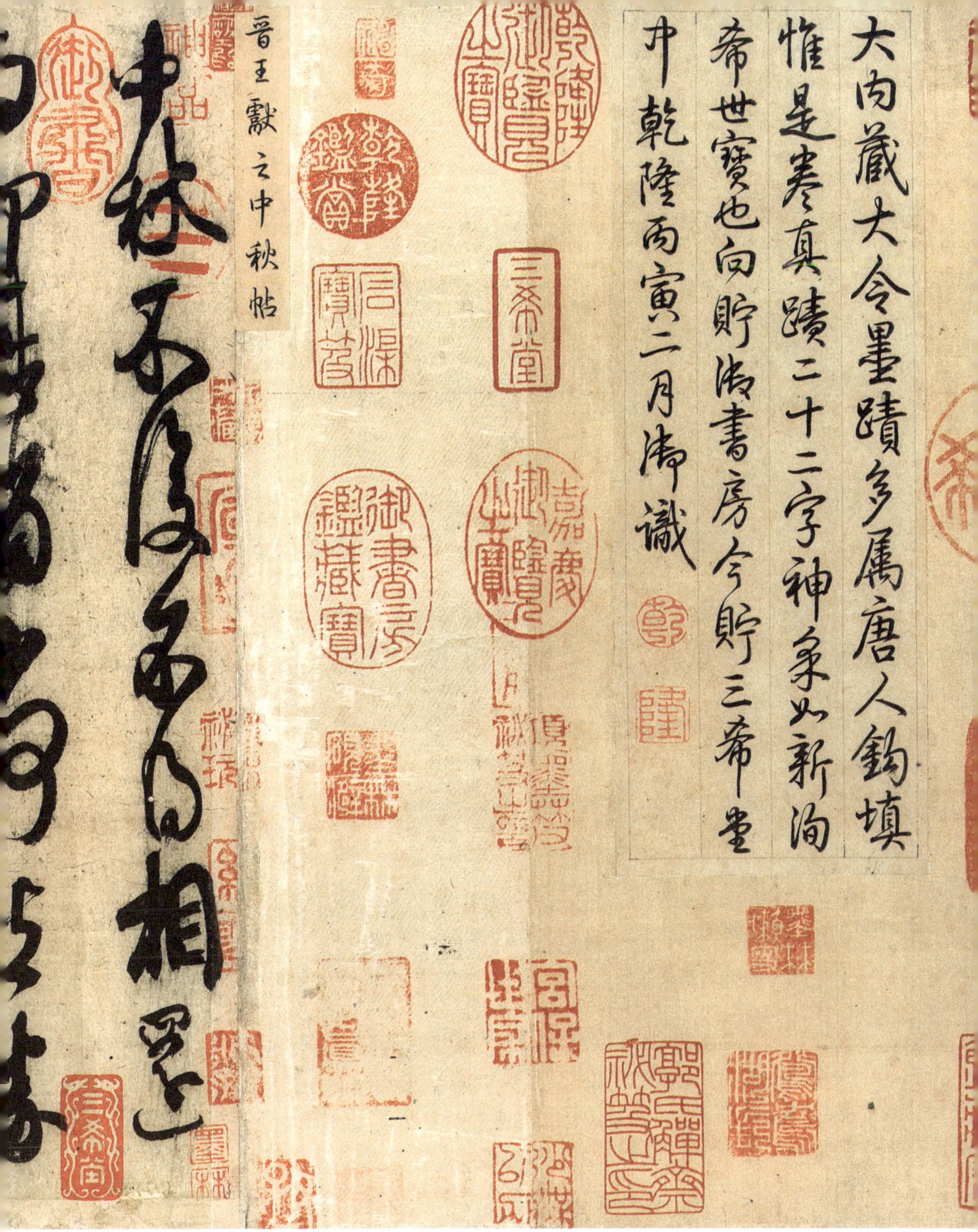
晋王獻之中秋帖
中秋不復不得相還
大內藏大令墨蹟多屬唐人鈎填
惟是卷真蹟二十二字神采如新洵
希世寶也向貯御書房今貯三希堂
中乾隆丙寅二月御識

重陽

菊花開時即重陽

重阳：菊花开时即重阳

最小的时候，不知道重阳节的含义，只记得这一天四合院里的邻居们一大早就忙碌起来。一个院子住四五户人家，分别来自山西不同地方。东房是晋东南的，北房是晋北的，西房和南房是晋中的。各家都有不同的风俗，但是家家要包饺子吃。只是晋北吃的是莜面蒸饺。做好了要给各家送去。其实都是饺子，只是口味有些不同，这个习俗坚持了很多年。

住在城市不方便登高，晋北人也要做一些黄米糕，有登高的寓意在里面。姥姥一边包饺子一边嘴里念叨着："重阳不下看十三，十三不下一冬干。看来今年这庄稼会旱啊。"此时姥爷坐在桌边，用一只锡酒壶倒上二两散装高粱白，再用一只酒杯倒上酒，用火柴点着，酒杯里冒起了蓝颜色的火苗。姥爷端着锡酒壶在酒杯上不停地晃着，不一会儿酒杯烧干，酒也热了，姥爷将壶中酒倒入酒杯，酒冒着热气，酒香立刻弥漫了整个屋子。姥爷得意地拿一根筷子在酒杯里蘸了蘸塞进我嘴里，一股热辣的味道使得我眉头紧皱，姥爷乐得哈哈笑起来。记不得插茱萸的事，只记得院里的学生们吃了饭结伴去东山上玩，那时我还小，人家不带我玩。

这已经是六十年前的回忆了。等自己到了花甲之年，才晓得重阳节也是挺温情的节日。然而，古人心中的九九重阳，却是另一番意思。

《续奇谐记》说，汝南的恒景曾经随费长房游学多年。费长房对恒景说，九月九日，你家有灾祸发生，你赶紧回去一趟。让你的家人做绛囊，然后将茱萸系在臂上，登上高处，饮菊酒，灾祸可以消除。恒景赶紧带信要家里人按照费长房说的做。到了晚上回到家，只见家里鸡犬牛羊全部死光。费长房知道后说，这就可以替代了。所以，后人到了九月九日，登高、饮酒，妇女佩带茱萸囊，都是从这里来的。

苏东坡《九日黄楼会》诗中有句："菊盏萸囊自古传，长房宁复是臞仙。"魏文帝曹丕曾经给钟繇写信说："岁往月来，忽复九月九日。九为阳数，而日月并应，俗嘉其名，以为宜于长久，故以享宴会。"这个钟繇就是那个连王羲之都仰望的书法前辈。重阳设宴摆席大概也是由此而来。

重阳节两样东西是不能不说的，一个是茱萸，另一个是菊花。《图经本草》说：

吴茱萸，生上谷川谷及冤句，今处处有之，江浙、蜀汉尤多。木高丈余，皮色青绿。叶似椿而阔浓，紫色。三月开花，红紫色。七月、八月结实，似椒子，嫩时微黄，至成熟则深紫。九月九日采，阴干。

还有另外一种叫“山茱萸”，也是落叶乔木，果实呈长椭圆形，枣红色。茱萸的果实都可以入药。就是因为可入药，又有特殊的味道，茱萸就成了辟邪、观赏的一种植物。唐朝时，杜甫九月九日在蓝田的崔氏庄园与老朋友饮酒。喝醉了玩茱萸，“不能释手”。有诗句曰：“明年此会知谁健，醉把茱萸仔细看。”看来这种枣红色果实的确是能让诗人醉心的。苏东坡也有诗句曰：“人间此会论古今，细看茱萸感叹长。”

为什么古人如此爱玩茱萸？重阳节以前，宫廷收购山民们采来进贡的茱萸，预备重阳节使用。《提要录》中说：

九月九日，摘茱萸闻嗅，通关，辟恶。

大概这就是茱萸在这一天的作用了。说起来还有更早的记载，在汉代时，九月九日，皇帝就赐百官茱萸。唐代也是如此，当日赐宴并赐茱萸。杜甫曾经写诗说：“茱萸赐朝士，难得一枝来。”王维《九月九日忆山东兄弟》中那一句“遍插茱萸少一人”，成为千古佳句。一个十七岁的少年郎，自己在异乡为异客，每逢佳节更加思念亲人。当兄弟们登高之时，那些插满茱萸的兄弟中只少了自己一个。不在乎年龄多大，在于能打动很多人的心，直至今日。

再来看看重阳节的菊花。魏文帝曹丕又给钟繇写信。曹丕说：

九月九日，群草庶木，无地而生，菊花纷然独

明·陈洪绶《玩菊图》

蒹葭苍苍

重阳：菊花开时即重阳

秀。辅体延年，莫斯之贵，谨奉一束，以助彭祖之术。

这是最早皇帝向大臣赐菊的开始。其实那时候皇帝赐予大臣的并不一定是什么值钱的玩意儿，应景赏赐也是一种高雅的活动。重阳节一到，皇帝准备好茱萸、菊花，在上朝之时分发给大臣，大臣们回到家里，甭提有多自豪，顺势转送给老人，寓意健康长寿。送茱萸算是有嗅味、辟邪的作用，送菊花就更为高雅。

要说起菊花还不得不提陶渊明，《续晋阳秋》说：

陶潜九月九日无酒，于宅边菊丛中，摘菊盈把，坐其侧久。望见白衣人至，乃王弘送酒也。即便就酌，醉而后归。

以后诗人都把九月九日这一天送酒人称为“白衣人”。李白说：“因招白衣人，笑酌黄花酒。”苏轼说：“白衣送酒舞渊明……漫绕东篱嗅落英。”黄山谷说：“常应黄菊畔，怅望白衣来。”如果不知道陶渊明的这则故事，哪里能知道这“白衣人”的典故？杜甫说：

每恨陶彭泽，无钱对菊花。
而今九日至，自觉酒须赊。

苏轼说：“岭南气候不齐。吾尝云：‘菊花开时即重阳，凉天佳月即中秋，不须以日月为断也。’”但是这说的是海南。

苏州著名散文作家周瘦鹃是个养花高手，一本散文集《花花草草》讲述了他对各类花草养殖的点滴体会。他说：

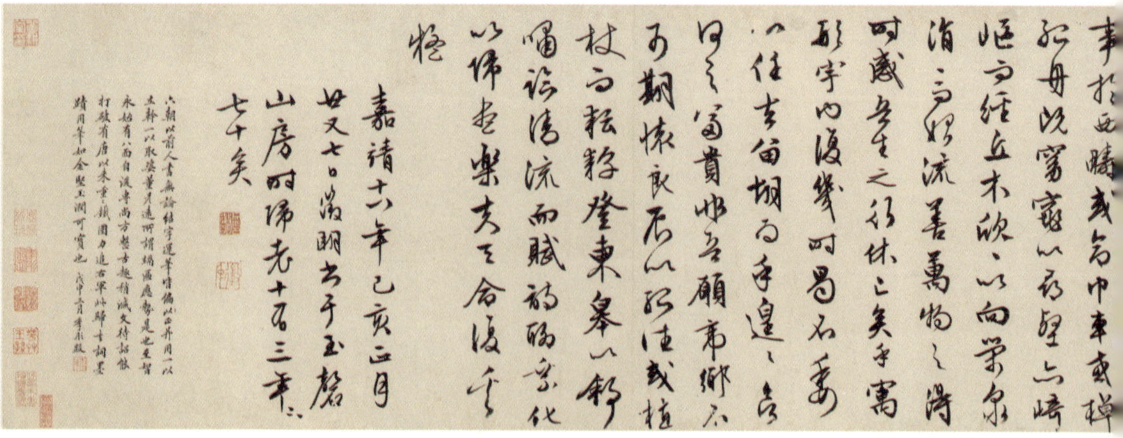

◎ 明 · 文徵明《归去来辞书画合卷》

辛丑四月八日徵明製

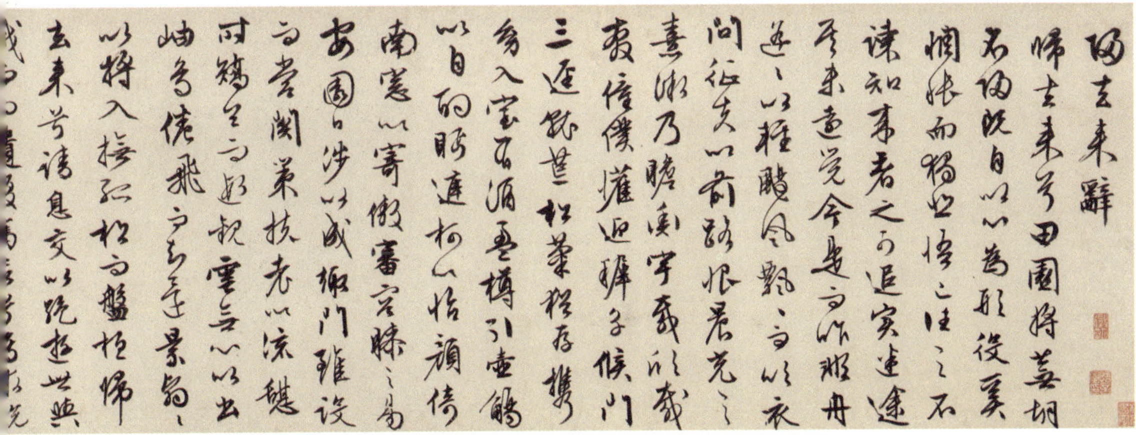
歸去來辭
歸去來兮田園將蕪胡
不歸既自以心為形役奚
惆悵而獨悲悟已往之不
諫知來者之可追實迷途
其未遠覺今是而昨非舟
遙遙以輕颺風飄飄而吹衣
問征夫以前路恨晨光之
熹微乃瞻衡宇載欣載
奔僮僕歡迎稚子候門
三逕就荒松菊猶存攜
幼入室有酒盈樽引壺觴
以自酌眄庭柯以怡顏倚
南窗以寄傲審容膝之易
安園日涉以成趣門雖設
而常關策扶老以流憩
時矯首而遐觀雲無心以出
岫鳥倦飛而知還景翳翳
以將入撫孤松而盤桓歸
去來兮請息交以絕世與
我而相違復駕言兮焉求

古香山樵

一般人都以为重阳可以赏菊，古人诗文中也常有重阳赏菊的记载。其实根据我的经验，每到重阳节往往无菊可赏，总要延迟到十月。

海南的气温高，重阳节菊花盛开也在情理之中。

吴昌硕画菊最多，不愧是大写意画菊高手，菊花画出金石气，比齐白石硬朗得多。难怪吴昌硕说北方有人学我皮毛，竟得盛名。吴昌硕画菊花用笔如刀，构图奇绝，疏朗险峻，笔墨大气，枯湿相宜。老缶（吴昌硕别号）尤其喜欢其题菊诗，如《题菊重阳诗》曰：

九月谁持赏菊杯，黄花斗大客中开。
重阳何处篱边坐，雨雨风风送酒来。

庚子重阳，取二尺净皮，铺展于案上，取大白云调赭石，微加入朱砂，笔尖蘸墨少许，用力至笔根由左向右侧行，壶身可见。再点缀壶盖壶嘴提梁，一只紫砂壶成矣。学老缶笔意画一枝黄菊横斜而下，衬在紫砂壶之后，再添一只天青色茶杯，一幅品茗赏菊图展现在眼前，在左上角题自作五言绝句一首：

重阳菊花发，沸水泡紫砂。
何须问明日，今朝风月佳。

画毕，烫老汾酒二两，自斟自饮，观画吟诗，这年重阳过得舒坦。

白露

白露：白露秋风晚凉生

白露秋風晚涼生

最早读《诗经》，在《国风·蒹葭》篇有“蒹葭苍苍，白露为霜。所谓伊人，在水一方”，知道了白露。虽然是爱情诗，但我们注意到了诗人对于环境、气候的细致观察，并能引入诗意。

邓丽君演唱的《在水一方》，经典动人，令人难忘。台湾地区作曲家对于古诗词配乐的感觉真的好。苏轼的《水调歌头·中秋》被演绎为歌曲《但愿人长久》，至今难以超越。当然也包括了那首《蒹葭》。

蒹葭就是芦苇，我常常喜欢画秋天的芦苇，依石傍水，随风摇曳。有小舟隐于其中，渔翁醉酒于钓舟。秋季芦苇的穗泛黄，状如长枪的红缨。

《礼记·月令》记载，孟秋时节，“凉风至，白露降，寒蝉鸣”。每年的阳历九月八日前后为白露节气。李白的《玉阶怨》脍炙人口，诗曰：“玉阶生白露，夜久侵罗袜。却下水精帘，玲珑望秋月。”后世诗人多又引用李白的诗意，派生出很多玉阶白露、露侵罗袜的诗句。

可能是年龄和环境的关系，我更喜欢辛弃疾的《行香子·山居客至》：

白露园蔬。碧水溪鱼。笑先生、网钓还锄。小窗高卧，风展残书。看北山移，盘古序，辋川图。

白饭青刍。赤脚长须。客来时、酒尽重沽。听风听雨，吾爱吾庐。笑本无心，刚自瘦，此君疏。

辛弃疾作为主战派，力主北上收复失地，重整河山。他提出革新政治，整顿军旅等政见，未能如愿，于是辞官隐居。此时辛弃疾的词作已然与前半生风格大为不同。东坡能者稼轩能，稼轩能者，东坡未必能。稼轩之词能与苏轼并称“苏辛”，何尝容易。

词人于白露时节，下菜园，观溪鱼，笑称钓鱼种菜似乎不应该是自己该做的事。随后书斋半卧，借风翻翻未看完的书。有孔稚珪的《北山移文》、韩愈的《送李愿归盘古序》，还有王维画的《辋川图》。午饭便是白饭青菜。光脚长须，一副农家打扮。有客来时，酒喝没了再去打酒。此处可听风听雨，所以我爱我这个家。

陶渊明说“吾亦爱吾庐”，于是有了辛弃疾的“吾爱吾庐”。《说文解字》中说：“竹得风，其体夭屈，如

◎ 元 · 王蒙《仿王维辋川图卷》

人之笑。”此君为竹，竹虚无心。瘦竹刚劲，是辛弃疾追求的人生品格。初秋的白露节气，隐居的辛弃疾是这样开心度过的。

北方的节气从进入秋天开始变得非常准确，这在南方省份是难以察觉的，特别是广东、福建、海南等地。当你在草丛里走过，当你从空中看过，露水会打湿裤脚，大雁会结队飞过。每年夏秋交际，我几乎都会去雁门关外感受早秋的凉气。

雁门关属山西省忻州市代县管辖。北宋著名的军事家族杨家将就是在这一带守城戍边。雁门关外就是朔州市，汉代时称之为马邑。这里有旧广武城及汉、明代长城遗址，烽火台连绵不断。关内外气温相差比较大，相对于朔北，江南则时兴过“秋兴”。《清嘉录》记载：

> 白露前后，驯养蟋蟀以为赌斗之乐，谓之“秋兴”，俗名“斗赚绩”，提笼相望，结队为群。呼其虫为将军，以头大足长为贵，青、黄、红、黑、白，正色为优，大小相若，铢两适均，然后开栅。

斗蟋蟀时，有人拿一根草用来引逗蟋蟀。双方要辨清自己蟋蟀的颜色和形象，这个叫“标头”。观看的人以两只蟋蟀的胜负为赌博之输赢，叫作“贴标”。所压筹码叫作“花”，一百二十文制钱为一花。每次双方商定用多少花，从一花到百花、千花不等。白露后开斗，重阳后止斗。也有远道而来专门斗蟋蟀的，俗称“客虫”。北京一位朋友，祖上是玩蟋蟀的，自制蟋蟀罐，送了我一对。我也有一对蟋蟀养着玩，虽然没有赌玩，却当了我的模特。

白石老人画了许多草虫，其中有不少蟋蟀。白石老人有着儿时的农村情结，他到北京后更感受到北京的玩虫文化。白石老人于 1906 年为恩师胡沁园夫人所画直径二十四厘米的团扇《花卉蟋蟀图》，现藏于辽宁省博物馆。

白石老人曾说："山野草虫余每每熟视细观之，深不以古人之轻描淡写为然。"他幽居时期曾捕养过许多昆虫，"有蟋蟀、蝴蝶、螳螂、蚱蜢等等无不应有尽有"，目的是要"为万虫写照，为百鸟传神"。其《庚申日记》中记载：

> 庚申秋九月，梅兰芳、倩家、如山约余缀玉轩闲话。余知兰芳近事于画，往焉。笑求余画草虫与观，余诺。兰芳欣然磨墨理纸。观余画毕，歌一曲报之。余虽不知音律，闻其声悲壮凄清，乐极生悲。请止之，即别去。明日赠以此诗。

正值白露时节，白石老人被梅兰芳、倩家、齐如山等邀约在梅兰芳家聚会，是一次非常知名的雅聚。梅兰芳 1925 年正式拜齐白石为师。

白石老人"画蟋蟀能画出双翅摩擦出声的感觉，两条触须直立，生动至极"。他在一幅有蟋蟀的画上题字"草间偷活"，还有一首《题蟋蟀篱豆图》诗："秋风吹得晚凉生，扁豆篱边蟋蟀鸣。人却怕寒嫌促织，从来不喜纺车声。"白石老人有在农村生活的儿时记忆，所以能栩栩如生地描绘各种草虫，以及庄稼、农具、山庄、水田、花卉……我学画草虫多年，但未敢照搬白石老人草虫法。我早年学习油画素描，在工笔草虫的基础上，加入了造型、明暗、透视、光线等西画要素，使草虫显得更有立体感和逼真感。

我虽然没有像王世襄这些大玩家的功夫，每年白露时节，有夜上北京西山逮虫的兴趣和能力，但总会在市场上买一两只蝈蝈，或是蟋蟀，放在笼子里，将其挂在门楣窗下，无论做什么，耳边总是有它们的鸣唱。孙女喜欢这些小动物，每年白露前，就早早准备蝈蝈笼、蟋蟀罐，在市场上买两只养起来。

沁園師母命門

现在养蝈蝈、蟋蟀更加科学，连专门的喂食都有了。养的得当，可以活到冬至。《清嘉录》记载："秋深，笼养蝈蝈，俗呼'叫哥哥'，听鸣声为玩。藏怀中，或饵以丹砂，则过冬不僵。"深秋的时候，在笼子里养蝈蝈，民间称"叫哥哥"，听它的叫声为乐。如果把蝈蝈放在怀里，用丹砂喂养，可以过一个冬天不死。

蝈蝈笼子比鸟笼讲究，剖开晾了几年的干葫芦，笼子上还镶嵌着一些牙片宝石，精雕细刻。蝈蝈是北方捉来的。秋天未到，就有数以千计的蝈蝈被运到苏州街市上卖了。文人雅客也要咏诗唱词一番，如郭麐在《琐寒窗·咏蝈蝈》词中写道：

络纬蹄残，凉秋已到，豆棚瓜架。声声慢诉，似诉夜来寒乍。挂筠笼晚风一丝，水天儿女同闲话。算未应输与，金盆蟋蟀，枕寒清夜。

过去看齐白石老人题画草虫图，九十几岁，工笔草虫一丝不苟。后来晓得，人到老时自觉画草虫手抖笔颤，白石老人早早画下一批草虫，待老年后取出，添加大写意花草，一幅作品成矣。我有时想，要不要也先画一批草虫放在那里，待来日再用？后来一想，画草虫纯属玩票，能画时则画，不能画时，就大写意花草。活到九十岁，画什么都是好的！

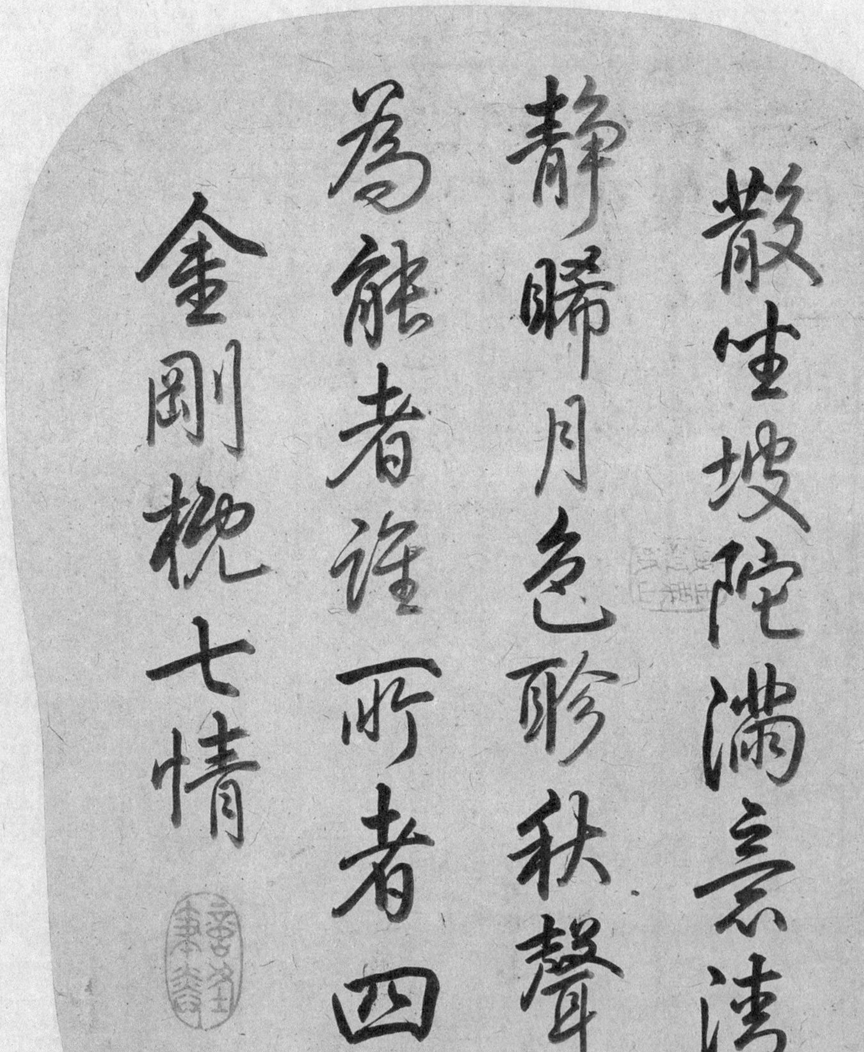
散生坡陀滿意清
靜睎月色聆秋聲誰
爲能者誰所者四句
金剛槐七情

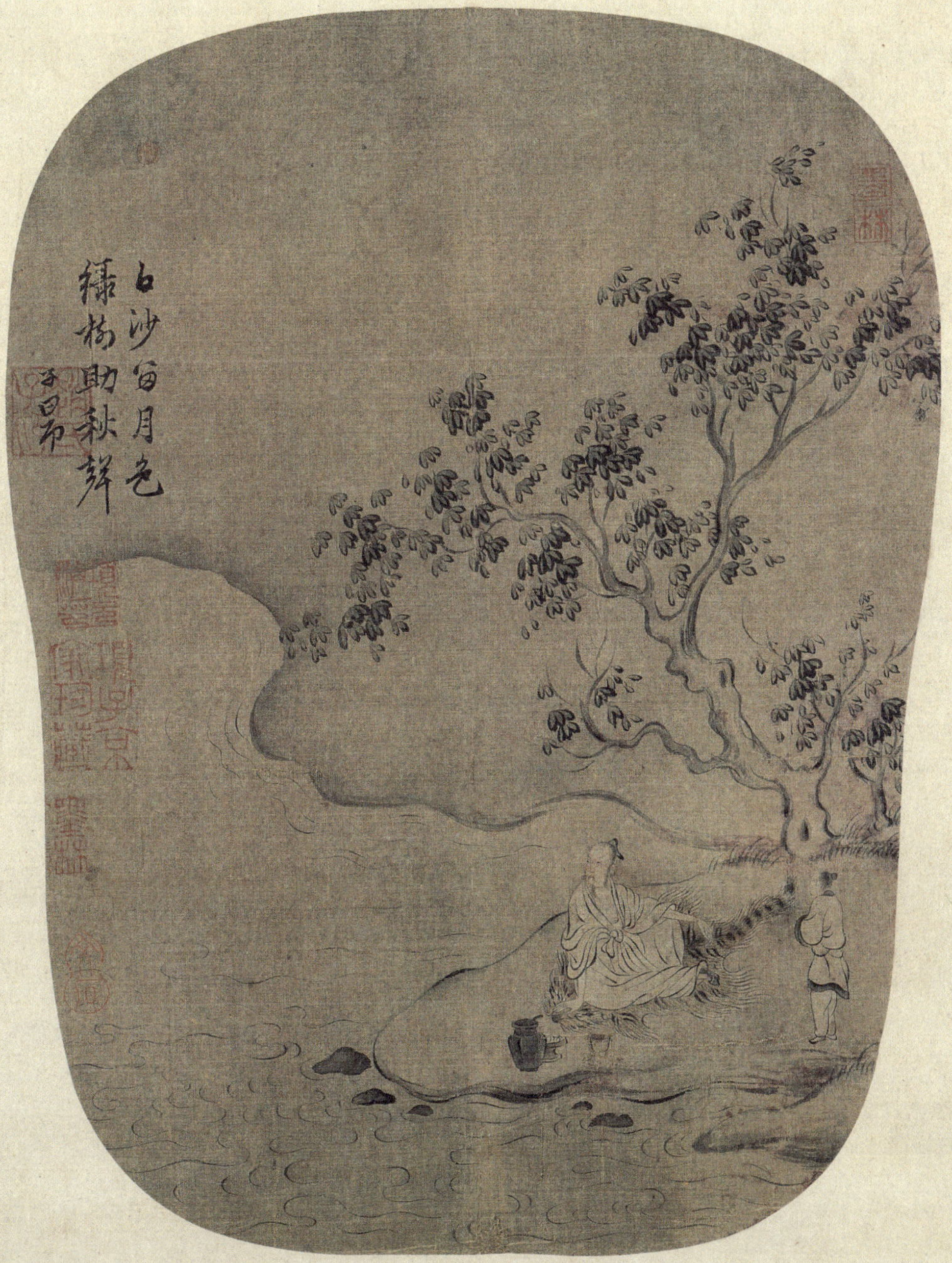
白沙留月色
綠樹助秋鮮
子昂

秋分

風清露冷秋分至

秋分：风清露冷秋分至

《孝经纬》曰：

> 处暑后十五日，斗指庚，为白露……后十五日，斗指酉，为秋分。

《春秋繁露》中说：“秋分者，阴阳相半也，故昼夜均而寒暑平。”成语“平分秋色”指的就是这一时节。

《周书时训》曰：

> 秋分之日，雷乃始收。又五日，蛰虫坯户。又五日，水始涸。雷不始收声，诸侯淫佚。蛰虫不坯户，民靡有赖。水不始涸，甲虫为害。

秋分至寒露十五天，此时雷声应该渐渐消失。再过五天，冬眠动物修建洞穴。又过五天，河里的水开始干涸。如果没有按这个规律，雷声依旧，很多动物都放纵起来。如果冬眠动物不修建洞穴，老百姓就失去了依靠。如果河水没有干涸，甲壳之类的虫子就会带来灾害。

《荆楚岁时记》记载说：

> 秋分以牲祠社，其供帐盛于仲秋之月。社之余胙，悉贡馈乡里，周于族。掷教于社神，以占来岁丰俭。或折竹以卜。教以桐为之，形如小蛤。言教，教令也。其掷法则半俯半仰者为吉也。

秋分时节，族人以三牲贡在祠堂，贡品规模比仲秋时还丰盛。社日之后，贡品全部馈赠乡里的族人。用桐叶作为教，形状如小蛤，抛向所贡之神，用来占卜来年的收成好与差。如果是半俯半仰的就是大吉了。或者用折竹子的方法，通过被折竹子的纹路走向来占卜。

《荆楚岁时记》是南朝梁时的宗懔所著。宗懔祖籍是南阳涅阳，在今天的河南邓州市。宗懔的父亲曾任山阴县令、南台书侍御史。世代居住江陵，后周灭，因文章之名，被掳入了北周，终老于异乡，卒于长安。大概是在北周时期，有怀乡情结，著此书以念。

《清嘉录》记载：

> 白露白迷迷，秋分稻秀齐……稻秀只怕风来摄，麦秀只怕雨来霖……分后社，

白米偏天下，社后分，白米像锦墩。

意思是，如果白露前后有雾，那今年的水稻一定会丰收。稻子抽穗最怕刮风，麦子抽穗最怕下雨。如果秋分在社日前则预示会丰收，如果秋分在社日后，那就会歉收。《岁时广记》记载谚语说：

秋分在社前，斗米换斗钱；秋分在社后，斗米换斗豆。

《清嘉录》的作者顾禄是苏州吴县人，没有生卒年记载，大约是在清嘉庆、道光年间。此人极有才华，能书善画，除了著有《清嘉录》之外，还著有《桐桥倚棹录》《雕虫集》《晚香集》等。顾禄二十五岁时，母亲去世，顾禄在家中守孝。他“日与父老谈吴趋风土。目之所见，耳之所闻，辄寄诸子墨，以资歌咏，以助剧谈”，遂写就《清嘉录》，书名取自陆机《吴趋行》“土风清且嘉”诗句。写的是苏州地区风土人情，有地志、诗文、经史资料，是研究明清时期苏州地方史、社会史的重要资料。宋代的谢逸名气不是很大，但他却是一个很有意思的人。谢逸，字谢无逸，江西临川人氏。多次参加科举却未能得中，一生以诗词为娱。江西临川是个人杰地灵的地方，出过很多文化名人。诸如王安石、曾巩、汤显祖等。秋分这天，谢逸写下了一首《点绛唇·金气秋分》，词曰：

金气秋分，风清露冷秋期半。凉蟾光满，桂子飘香远。

北宋·范宽《秋涉图》

范中立秋涉圖
為汝南周氏丘
藏渾厚高古
無畫史習氣公
謹見示漫綴
數語 徐珍
范中立

素练宽衣，仙仗明飞观。霓裳乱，银桥人散，吹彻昭华管。

秋分时节，大地呈金色。秋天过去了一半。月光如盘，清光乍现。桂花开放，香飘万里。素色的飘带，宽松的长衣，飘飘如仙起舞。霓裳乱人眼，顷刻，人影散尽，只听昭华丝竹响彻夜空。

《梁溪漫志》记载：

谢无逸尝从潘邠老求近作，邠老答曰："秋来景物，件件是佳句，恨为俗气所蔽。昨日清卧，闻搅林风雨声，欣然起，题其壁曰：'满城风雨近重阳！'忽催租人至，遂败意，止此一句奉寄。"

这老头有意思，也可以看出古人作诗，心静并无人打扰，才能出佳句。如果有佳句，虽不成诗，也算是可以交给朋友的回复。其实潘邠老的诗也一般般。据《后山诗话》说，苏轼和文潜曾先后被贬黄州，潘邠老曾经与苏轼、文潜共游。文潜即张耒，是苏门四子之一。潘邠老自称学诗杜甫，不过他的诗空洞无物，没有深意。但黄山谷对其评价是"天下异才也"，可谓高看。

黄山谷说写秋天的诗都是写愁、悲秋、秋凉等。但是在杨诚斋笔下，秋天都是那么有趣，那么开心。杨诚斋诗《秋日晚望》说：

村落丰登里，人家笑语声。
溪霞晚红湿，松日暮黄轻。
只么秋殊浅，如何气许清？
不应久闲散，便去美功名。

秋收后的村里人家，笑语声声，欢庆丰收。晚霞映照下，溪水都被映红，这里不同于其他诗人的“红湿”，是指雨后落枝的花朵，再加上松树在日落之时的金黄色，两种颜色是那么的夺人眼球。只是这秋天刚来，怎么就秋高气爽呢？杨诚斋很有名的写秋的诗句：“江欲浮秋去，山能渡水来。”周汝昌先生作注说：“这句说江水好像要把‘秋’漂走了，极写秋水江天之浩荡。第二句则是写隔江山色如过水而来。”使人想起南

宋词人辛稼轩的词句：“楚天千里清秋，水随天去秋无际！”彰显秋的天高无际，江的广阔无边。似乎字面与杨诚斋的诗句有相同之处，却是完全不同的描写。由此我们理解了为什么后人有那么多的“万里粉丝”。

秋分之后，我每年的南迁候鸟式生活又要开始行动了。准备南下的生活用品、书画材料，仅书就有两箱子，这是我每年搬迁的最大运输成本。狡兔三窟，书房也是三处，但不可能每一处都有需要的一套书。有时候真想成为大雁，无论北上或是南下，就带一对翅膀，饿了、渴了，落下来休息一下，继续再飞。尽管如此，还是期待那沙滩、椰林、暖阳的海南气候。

霜降

霜降：渡船满板霜如雪

渡船满板霜如雪

出版界资深出版人、“八零”后朋友冯俊文微信发来一首杨万里的七言绝句嘱我为之书一条幅。诗曰：

> 雾外江山看不真，只凭鸡犬认前村。
> 渡船满板霜如雪，印我青鞋第一痕。

杨万里的诗我历来喜欢，更多的是称其杨诚斋。诚斋诗好就好在一个字——“活”。尽管这首诗是庚子正月初五所作，但是诗中的“渡船满板霜如雪，印我青鞋第一痕”，写得太真太妙了。诗好，书写就顺畅，用二王笔意，工整中随性，小冯满意。

这首诗让人想起了霜降节气。霜降是秋天的最后一个节气。古代诗人多有将霜降看作送走秋天迎来冬天的节气。苏轼就有一首词《南乡子》讲述霜降与重阳的。词曰：

> 霜降水痕收，浅碧鳞鳞露远洲。酒力渐消风力软，飕飕。破帽多情却恋头。
>
> 佳节若为酬。但把清尊断送秋。万事到头都是梦，休休。明日黄花蝶也愁。

这首词写于元丰五年，也就是1082年。距离“乌台诗案”被贬黄州的1079年刚刚过去三个霜降，著名的天下第三行书《寒食帖》也是写于这一年。我们看到了苏轼的词风一改“乌台诗案”前的情绪。此时的他还在为差一点因为诗句受人诬陷而丢了脑袋心有余悸。有人评论说“酒力渐消风力软，飕飕。破帽多情却恋头”，诗中的风力是指受政治风波影响，有惊无险，保住了性命。其实评论家多事，此词当有一句应该是苏轼的内心之隐，即“万事到头都是梦，休休”。此时的苏轼已经看破官场风云，子瞻已然去，东坡正起始。

《月令七十二候集解》：“九月中，气肃而凝露结为霜矣。”《二十四节气解》中说：“气肃而霜降，阴始凝也。”霜降之时，南北方各有一些民俗。据《吴县志》记载，在苏州霜降这一天有一个特别的仪式，就是在官府前的演武厅，由当地官员搞致祭旗纛。士兵们手持各种兵器由衙门出发，列队行进。锣鼓仪仗前面开路，到达演练场的旗纛庙，周边站满了看热闹的百姓。五更时分，老百姓就会起床等候观看。据说看祭旗纛可以祛除不祥之事。

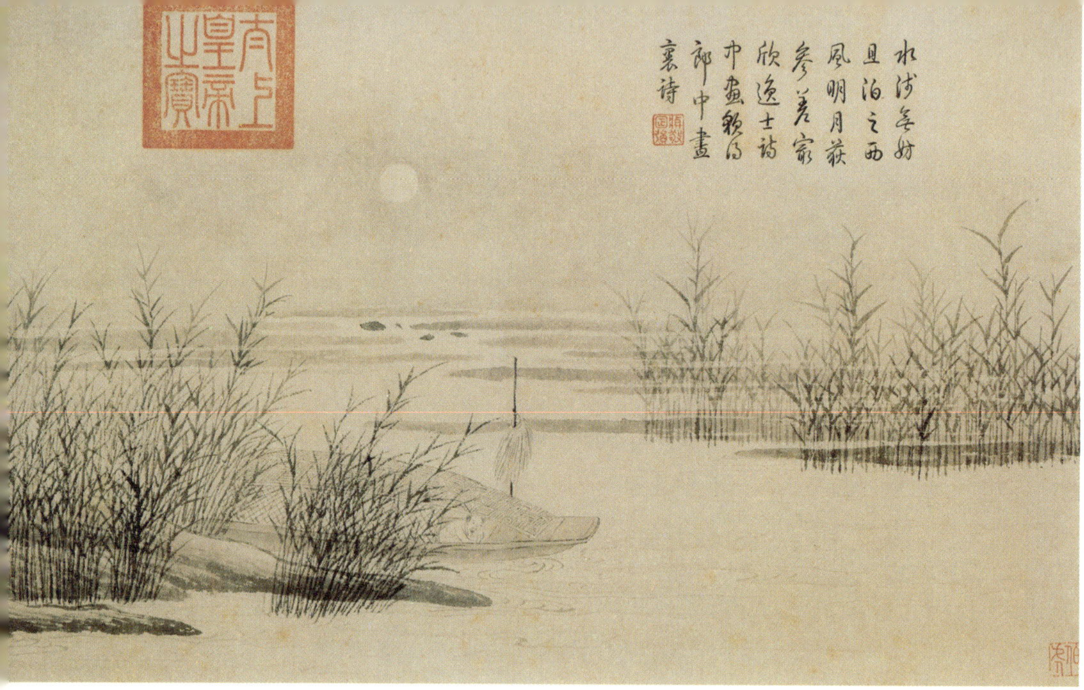

此时北方的柿子树叶子基本上落完了，结满了红色的柿子。柿子是霜降时的上好食品，此时的柿子吃了暖胃。小时候，每逢霜降时节，家里总是会有很多从老家捎来的柿子。柿子比较硬，很涩。姥姥就用苹果去“揽”柿子。就是将柿子和水果放在一起，这样会使柿子很快变软，小孩子就盼着柿子能吃。现在人老了，血糖高，也不敢多吃，偶尔尝个鲜。可是画柿子多了，寓意着事事如意。

去年，我由北京出发驾车往三亚过冬。出京走京昆高速，从河北进入山西，走太原、长治、晋城，入河南，经王莽岭、云台山登南太行诸峰。一路阴霾雪雨，虽满山红叶，层林尽染，但色调是暗淡的。当天到达洛阳，恰逢寒露刚过，赶上天气突变，天气异常低温寒冷。洛阳龙门海洋馆的董事长丁宏伟是我二十年的老朋友，不仅热情地安排了食宿，还派专人陪同游览龙门石窟。

龙门石窟我去过多次，但这次只想再去拜谒白居易墓。于是决定再到香山的白园走走。天气寒冷，加上疫情期间，游人稀少。顺着洛河向南行走。河对岸是东山琵琶峰，有香山寺、宋美龄别墅；北侧即白居易墓。

白居易是太原人，后随祖上移居陕西下邽，也曾在长安和洛阳居住。我喜欢白居易的诗，是因为他的诗好懂，接地气。有人看不上，认为其净说大白话，殊不知白话最难说。比如“食罢一觉睡，醒来两瓯茶”“马瘦衣裳破，别家来二年”。用今天的话来说，有许多金句。

唐太和三年（829），白居易再一次从长安回到洛阳，继续建造洛阳的履道里白氏宅院。我曾经请教过洛阳的任现先生，他曾经出版了多部关于洛阳历史文化著作。读任先生《唐代履道里，洛阳白氏园》知晓白居易从河南尹任上辞职回到洛阳，但是仍有太子少傅分司的职务，按今天的话说就是退居二线。这一年白居易六十二岁。白居易《九月八日酬皇甫十见赠》诗曰：

君方对酒缀诗章，我正持斋坐道场。
处处追游虽不去，时时吟咏亦无妨。
霜蓬旧鬓三分白，露菊新花一半黄。
惆怅东篱不同醉，陶家明日是重阳。

这是白居易来到洛阳的第二年霜降节气前，写给他的亲家皇甫曙的诗。当你喝着酒吟诗咏词之时，我却在道场持斋禅坐。寒露时的菊花已经有一半都凋谢了，只恨不能与陶渊明同饮共醉，明日便是重阳节了。

由北至南，游过石窟，坐船过伊河，登东山琵琶峰，入白园。白园内，曲径石阶，竹林花木。亭台楼阁，溪水湍急，大多景致为今人所建，感觉很新，且商铺小店，吆喝买卖，煞了风景，惊了

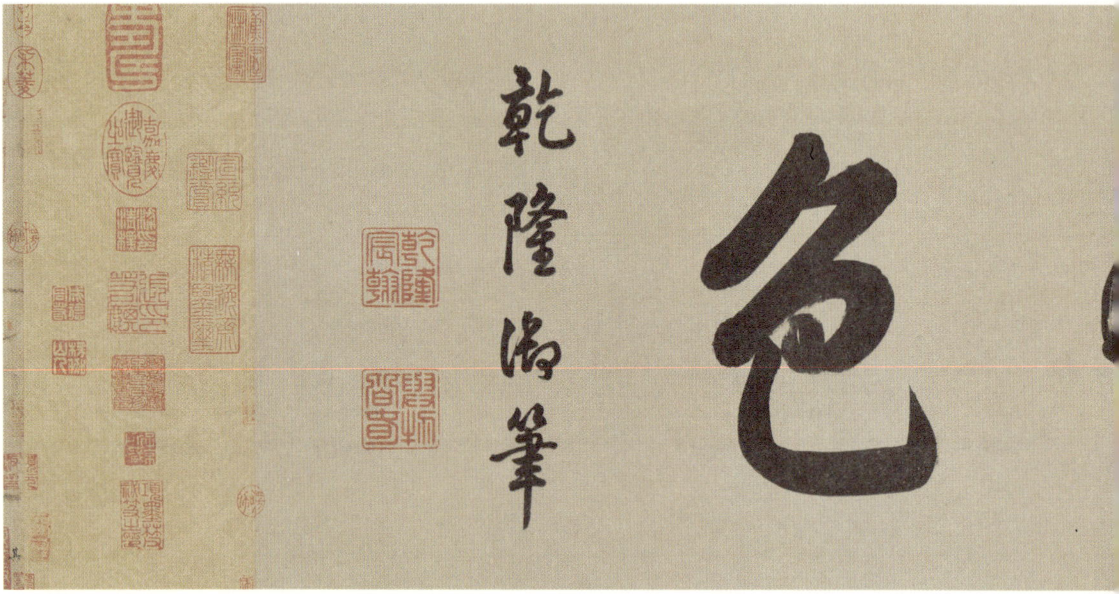

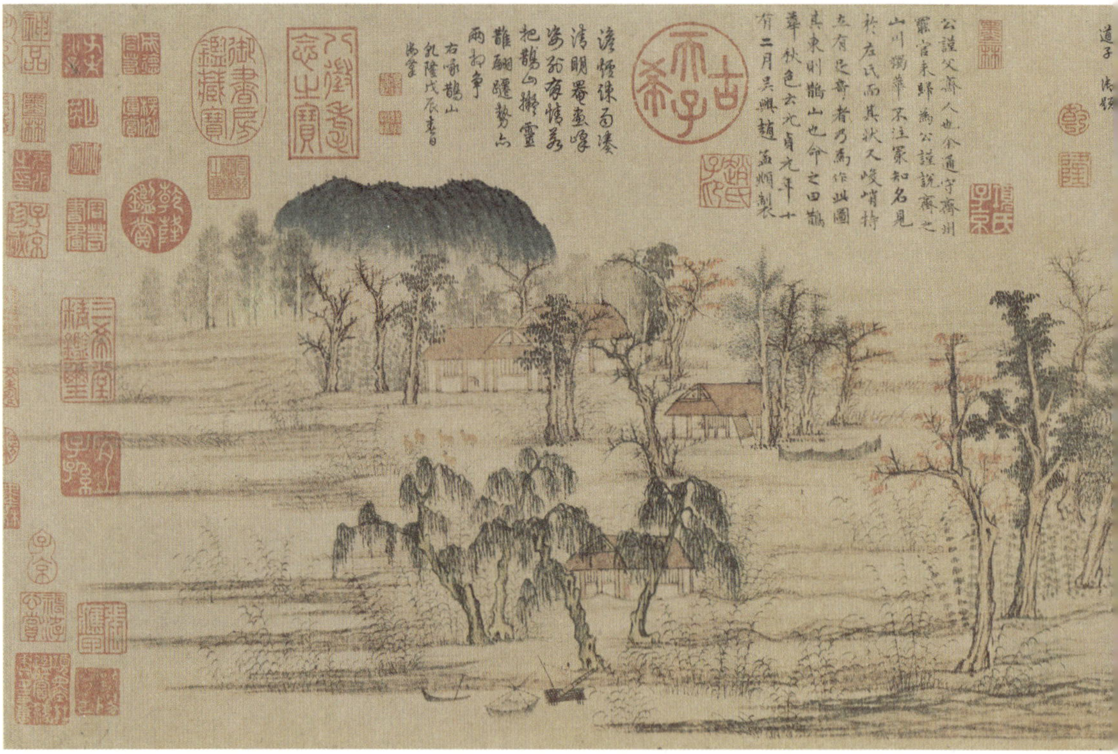

元·赵孟頫《鹊华秋色》(局部)

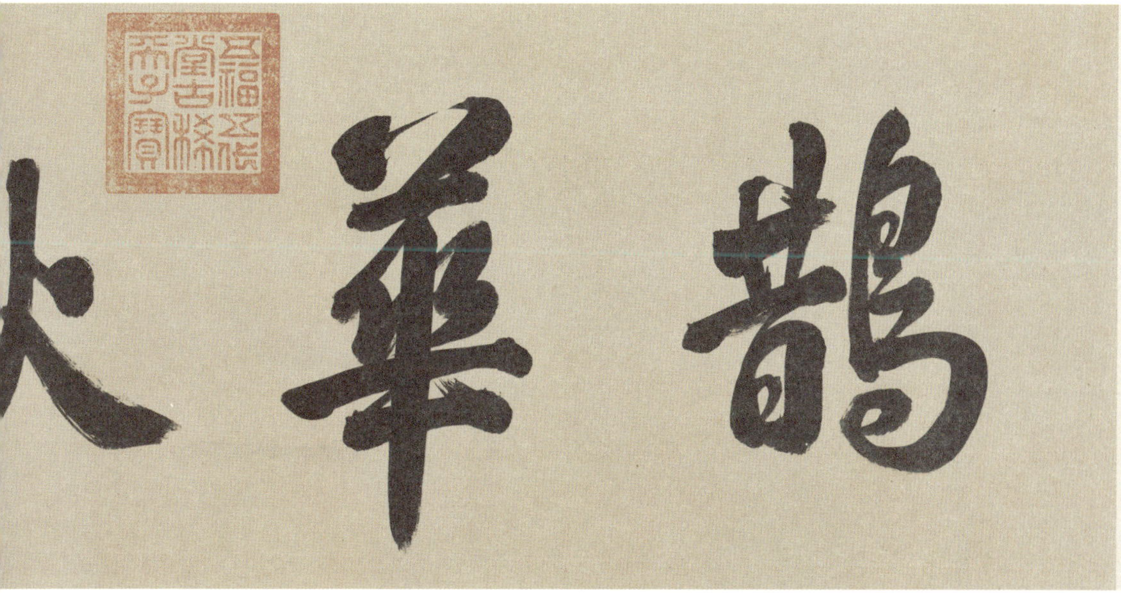
鵲華

◎清·陈书《岁朝丽景图》

乐天。山腰有一座亭子，名曰“听伊”。据说白居易晚年曾在此与元稹、刘禹锡等对弈、饮酒、品茗、吟诗。

东山的白园有乐天堂。堂门两侧两副对联皆为当今人士题撰。一副是“为生民忧直言极谏；得山水乐饮酒赋诗”。王遐举隶书联。王先生是隶书大家，联撰的如何不做评论，但字的确是好。另一副是周而复先生题写的“履道凿园池香山卧石楼援丝竹赋青山乐于独善其身；西湖筑白堤龙门开八滩倡乐府诗讽喻志在兼济天下”。周先生没有考证的是，白堤并不是白居易所筑，而是原本就有白堤，只不过白居易守杭时曾经修过，当地老百姓就把白堤放在白居易头上。就此问题，西湖一位船家曾经激动地和我争论，因为在湖上，波澜有惊，于是我妥协了。

继续在白园行走，来到白居易墓。乐天墓坐东朝西，面对龙门石窟。墓前有碑，书“唐少傅白公墓”，碑额篆书“兼善”二字。侧有另一碑，书“太子少傅香山白文公墓”。是不同时期的立碑。园内还有一书法碑长廊，均为日本书道家的作品，据说日本人对白居易崇拜有加，故而组书道团前来拜谒，并留下书作，勒石而作。

离开白园，远眺对岸龙门石窟，想起北魏时期从云冈石窟到龙门石窟，后世数百年的斧凿钻刻，宏大精美的石窟大佛造像，给后世留下了如此难得的遗产，真可谓刻在石上的王朝。天气越来越冷，任先生说，这是七十年来洛阳最冷的暮秋。再过十几天就是立冬，冬天真的来了！

雨雪霏霏

雨雪霏霏

大雪

大雪：大雪江南见未曾

大雪江南見未曾

《月令七十二候集解》说：

> 十一月节，大者，盛也。至此而雪盛矣。

大雪是一年中第二十一个节气。虽然第一场雪不一定是什么时候下的，好像是在夜深人静的时候。它不像是雨，会有小雨滴答或是大雨哗哗的声音，而雪不管落在哪里都是那么轻盈无声。当你拉开窗帘，看到大地被白雪覆盖。你会惊呼，下雪啦！洁白的雪片，在无风的天气，是那么潇洒、轻柔，飘然落在地面、树枝、屋顶，几乎没有声音，或有着极弱的、人们完全可以忽略的声音，不认真、不屏住呼吸是听不见的。白居易的五言绝句《夜雪》是这样写的：

已讶衾枕冷，复见窗户明。
夜深知雪重，时闻折竹声。

说的正是这个场景。夜半寒冷，被子都是凉的，窗外雪映明亮。因为听到积雪压竹竿，发出了折断的声音，就知晓今夜的雪很大。我喜欢下雪之日，取汾酒一杯，约二两。望着窗外的皑皑白雪，读几首唐代诗人绝句佐酒，胜过油炸花生米。一首诗是白居易的《问刘十九》：

绿蚁新醅酒，红泥小火炉。
晚来天欲雪，能饮一杯无？

另一首是祖咏的《终南望余雪》：

终南阴岭秀，积雪浮云端。
林表明霁色，城中增暮寒。

读后咀嚼，再想那个画面，顿觉心爽无比，这大概就是所谓的心理暗示吧。

大雪节气未必下雪，但是雪天一定会越来越多。不同心态对于雪天的感受不同。有人说下雪不像下雨，雪没有声音。君不知，当人们的脚步行走在雪地上，鞋底与雪的接触，会发出“咯吱”的声音。而且不同深浅的雪发出的声音是不同的。一双脚印，浅的是小孩的，半深是少女的，很深是小伙子的。两对脚印相伴而行，女孩子脚尖更深一些。俏丽的脚印，只留下

◎ 北宋·燕文贵《江干雪霁图》（摹唐王右丞）

夏圭

◎南宋·夏圭《雪堂客话图》

前掌的一小片和脚跟处一个圆圆的点。小伙子的大头皮鞋，重重地踏在雪地上，“咯吱”的声音很大。洁白的雪在亲吻中发出微微的叹息，青春真好。也会有人叹息，天上阴霾遮蔽，脚下是雪与灰尘的搅拌泛起的泥浆，交通堵塞，行人路滑。恨不能雨过天晴，不要这么多雪。这一天心情都不会太好。

我曾经写过一篇散文《听雪》，其中有一段：

> 起风了，风声呼呼地响着。树枝上的雪结成很大的块，被风吹落，绵绵地软软地落地，还是有轻微的声音。小家雀落在树枝上觅食，叫着跳着，招呼着同伴，摇动着树枝，更多的雪块掉下来，像沙粒，像棉絮，像毛毛雨的雨丝。

当读到陆游的《弋阳道中遇大雪》，读了陆游听到的雪声，自惭形秽，我这文字也太小资了。陆游诗中有句：

夜听簌簌窗纸鸣，恰似铁马相磨声。
起倾斗酒歌出塞，弹压胸中十万兵。

好气魄！

千年绝句，脍炙人口的咏雪诗还数唐代柳宗元的诗《江雪》。用短短二十个字，描绘了雪的境界。诗曰：

千山鸟飞绝，万径人踪灭。
孤舟蓑笠翁，独钓寒江雪。

不用注释，不用翻译白话文，这首诗有谁读不懂吗？自唐代以来，有无数的文人画家为这首诗配画。不仅诗句好懂，意境高远，其画面也是非常清晰的。其实不必看画，而且画面局限了你的视野。留下对于柳宗元诗的想象力是最佳境界。诗境中，远山近水是那么静谧，整个世界都像是静止在这雪景之中。

前日的新闻报道，说珠峰上找到了多年前登山失踪者的遗体。他（她）们为后来登山者做了登山之路的标记。我们知道了雪还有另外一种声音，那就是雪崩时的声音。一些登山者永远停在了那个登山途中或者下山途中的位置。在他们被埋在雪中之前，他们一定听到了雪的声音。这种雪的声音是恐怖的，人们从未想到雪还有这种声音。雪从峰顶呼啸而下，如城墙倾倒，海啸冲击，所有的生命在它面前是那么的渺小、脆弱。不同于安静时的雪山，那么美丽、安详，像是安睡的虎豹，静卧的蟒蛇，皮毛上的花色是那么的美丽。雪崩，它带来的却是灾难，是对生命的吞噬。如前所述那么浪漫的雪声似乎从来就没有过。

雪是要融化的，当气候变暖，从山崖，从屋顶，从树梢，从花瓣，雪默默地化为冰水流淌，由晶莹的水滴，形成溪流，形成

南宋·马远《寒江独钓图》

雨雪霏霏

大雪·大雪江南见未曾

瀑布，形成江河。雪是低调的，它永远都是悄悄地来，静静地走，直到化成水才有了水声。原来雪的积累是为了水，没有雪的融化，江河会干涸，绿洲会沙化，地球会为之发生变化。我们理解了什么是“上善若水”。

《听雪》一文中说：

> 尽管如此，我还是希望雪不要融化，它覆盖于山顶，悬挂于松枝，让我们能听到雪落下时微弱的声音。为了听雪，我竟然在企盼冬天的到来。一天晚上，我竟然梦到了孤舟钓翁的雪景。画面中只有落雪的声音，那声音真美。

我曾经画过一幅诗意图，是读唐代刘长卿的《逢雪宿芙蓉山主人》诗后有感：

> 日暮苍山远，天寒白屋贫。
> 柴门闻犬吠，风雪夜归人。

取二尺生宣，细笔淡墨勾勒山间轮廓，然后用大笔饱蘸淡墨横扫天空，以衬山石之雪景。山下勾勒数间草屋，屋白雪厚。小桥如痕，河水无影。一人着蓑衣俯身顶风行于屋前小路。行书题诗于画面右上角并钤朱砂印一朵。夏日悬挂于室内，堪比格力空调。

陆游有一首七言古诗，可谓描写大风雪之佳作，只是诗文很长，诗中有句曰：

> 大风从北来，汹汹十万军。
> 草木尽偃仆，道路暝不分。

……

儿怖床下伏，婢恐坚闭门。
老翁两耳聩，无地著戚欣。
夜艾不知雪，但觉手足皲。
布衾冷似铁，烧糠作微温。

读来似耳边风雪大作，声如马群，儿啼婢恐，屋危墙摧。陆游另一首《大雪》就显得温和多了。诗曰：

大雪江南见未曾，今年方始是严凝。
巧穿帘罅如相觅，重压林梢欲不胜。

不知道为什么，就是喜欢陆游的诗。

冬至

冬至：秋将归去冬又至

秋将归去冬又至

自我来京城，已过三个冬至。在北京过冬至，照例是要包饺子吃。在太原时多是羊肉胡萝卜饺子，蘸宁化府的香醋，加上糖醋腌蒜，一口气吃二十个。吃得热气腾腾，浑身出汗。在北京，只能是韭菜白菜饺子。因为京城的胡萝卜都是红萝卜，发甜，发水。不像山西的胡萝卜是黄色的，配羊肉最佳。山西的羊肉也好吃。吃罢饭，午间小睡，起来泡茶消食。此时最能体会的就是白居易的两句诗：“食罢一觉睡，醒来两瓯茶。”随手在手机微信上自作一首五言绝句。诗曰：

窗外寒风冽，屋内暖入春。
沸腾一锅饺，冬至日渐深。

随手发到朋友圈，这玩意儿就是好咧，唐代要有这玩意儿，留下何止几万首诗？

久居太原之人都晓得从冬至开始吃一种早点——“头脑”，一直吃到第二年立春。外地人听了最是不明白，常常不理解为什么要吃动物的头或制作成脑状的食品，其实食材与名称南辕北辙。

“头脑”传说与明末遗民傅山有关。山西太原阳曲人氏傅山乃反清复明斗士，因不愿委身于朝廷招安为官而隐居太原北郊的崛嵎山，与老母相依为命。他“改黄冠装，衣朱衣，居土穴，以养母”。他说：“处乱世无事可做，只一事可做，吃了独参汤，烧沉香，读古书，如此饿死，殊不怨尤也。”傅山不仅是著名的文学家、书法家，而且精通医道。其母陈氏因肠胃不适，每逢寒冬备受胃痛折磨，傅山便亲手配制了一套名为“八珍汤”的早餐供母亲调养。过了一冬，母亲肠胃之疾竟然痊愈。

后太原有一姓尕的清真饭店掌柜与傅山交往甚密，知此药膳的效果，便向傅山索要配方，傅山便有条件地应允下来。所谓条件就是在太原繁华之处开一清真餐馆，字号必须是“清和元”，这套早点定名为“头脑”。掌柜不解其中之意只得照办。谁知一经推出立刻受到欢迎，店前车水马龙，客人络绎不绝。无论是官宦中人，还是平头百姓，无不对“头脑”赞不绝口。

傅山因痛恨外族入侵中原，特将所制早点定名为“头脑”，将饭店称为“清和元”，意为一早起来就要吃清人和元人的头脑。并且书写“杂割头脑”四字，暗喻亡国之恨。还要天亮前打着灯笼来吃，取“天不明人欲明”之意。

其实，“头脑”早在明代之前就有了。明代朱国祯在其《涌幢小品》中说：

凡冬月客到，以肉及杂味置大碗中，注热酒递客，名曰“头脑酒”，盖以避寒风也。考旧制，自冬至后至立春，殿前将军甲士皆赐“头脑酒”。

另见《水浒传》第五十一回“插翅虎枷打白秀英”中有一段：

雷横听了，又遇心闲，便和那李小二到勾栏里来看……那李小二，人丛中撇了雷横，自出外面赶碗头脑去了。

此处的“头脑”正是太原名吃。看来至少在明代之前就有此物，只因傅山是医学家，懂得运用中药医理调配，于是在头脑中加了良姜、黄芪、山药、莲藕等。

传说中的时间似乎也有问题。笔者在太原“清和元”酒楼吃头脑时，看到有傅山题写的匾额“清和元”落款时间为明崇祯壬申年，推算下来是1632年，此时距离清兵入关还有十二年。傅山不会预料到清兵能统治中原，故“清和元”恐另有他意。山西书法界大佬田树苌先生在说牌匾的时候讲到，其实“清和元”这三个字是集傅山的字而来的，并不是傅山亲题，而且像煞有介事地落款崇祯壬申年题。如果这件事属实，老桥以上之考算是白费功夫了。

头脑以羊肉为主，所以最适合冬天食用。将精选肥羊肉、山药、莲藕、煨面粉、良姜、黄芪、酒糟、腌韭菜等制成面糊汤泡肉的“八珍汤”。取羊肉性热，可补虚御寒，藕根则有清热解毒之功效，山药可解虚热消渴之症，黄芪补气固表，腌韭菜健胃壮阳，良

◎清·金廷标《长至添线图》

雨雪霏霏

冬至：秋将归去冬又至

姜则温脾祛寒湿。每年早至白露，晚到冬至上市，多为早起食用。具有补气固表，温中消积，润泽皮肤，调剂脏腑等功能，久食可强壮身体，轻身延年。

明末徐复祚在《花当阁丛谈》记载，明代时，头脑酒亦被江南人称作“遮头酒”。盖时逢严冬，寒风刺骨，每令风尘中人迎风头疼欲裂，食一碗“头脑酒”周身暖热，可挡风寒。黄酒乃江南名酒，诸如绍兴的花雕、女儿红等。记得有一年与宜兴书法家何勇一同去绍兴拜谒兰亭，晚间有朋友招待，落座“老绍兴”，品尝当地菜肴。朋友拿来上好的绍兴黄酒，藏有数年，酒香扑鼻，虽然酒精度数不高，但也不敢放开喝，我知道越是度数低的酒越不能多喝，后劲大，容易醉。当然，就黄酒本身来说确有暖胃之功效。陆澹安先生在《水浒研究》中说：

我从前以为这种酒早已失传了，最近读者郭本

◎ 南宋 · 王岩叟《梅花诗意图》

堂先生来信告诉我，原来太原市至今还有“头脑酒”。每逢冬令，各饭馆都有出售，把羊肉数块和藕根等放在大碗里，用黄酒掺入。吃的时候配以类似面包的熟食品，当地叫作“帽盒子”。初次吃这种酒很难下咽，习惯之后就喜欢了。

看来古时的头脑不仅在太原，江南也有。奇怪的是，如今只有太原有此食品，除了太原再无此吃法，不要说江南、京城，就连距离太原最近的榆次、忻州都少有。不知当年“头脑”是怎么回归到傅山先生的制作地的。

现时下，吃头脑的不仅是当年那些提笼遛鸟的闲人了，许多年轻的上班族也喜欢吃。要一个单碗，斟一壶烫热的黄酒，配一碟腌制的韭菜，再要二两稍梅。吃完后，浑身发热，满脸喷红，出门后不畏风寒，一冬天不必吃药。也有人吃不惯，感觉羊膻味太重，酒糟味太浓，汤如糨糊难以下咽，尤其是外地人更吃不下去。

多年前，我曾陪同相声表演艺术家姜昆先生去清和元吃了一回头脑。食毕，我问姜昆是否好吃。姜昆曰：“不似他们说的那样难吃，但也不像你说的那样好吃。”

南宋·佚名《冬雁图》

大寒

大寒：大寒须遣酒争豪

大寒須遣酒争豪

前日读《开元天宝遗事》读至：

> 李白于便殿对明皇撰诏诰，时十月，大寒，冻笔莫能书字。帝敕宫嫔十人，侍于李白左右，令执牙笔呵之，遂取而书其诏。其受圣眷如此。

可见当时唐明皇对李白还是很客气的，只是李白不会为人，得罪高力士和杨玉环，只能落得个罢黜出宫。

2018年，正是宋代诗人、画家文同诞生1000周年。为此杭州举办了《千载清风》墨竹纪念展，我专门从三亚飞到杭州观摩了这个展览。飞机上，随手翻开《宋诗纪事》，有文同诗《和仲蒙夜坐》。诗曰：

宿鸟惊飞断雁号，独凭幽几静尘劳。
风鸣北户霜威重，云压南山雪意高。
少睡始知茶效力，大寒须遣酒争豪。
砚冰已合灯花老，犹对群书拥敝袍。

这是文同在大寒时节写给朋友仲蒙的一首诗。这首七言律诗，仅仅数言就把大寒时节的景色和心情描摹得淋漓尽致。山中的风惊飞了大雁，雁叫声渐远，文同倚着幽几，听着屋外的风声，北户的霜威重，南山的雪意高。睡不着是因为喝茶多了，大寒之日应该饮酒驱寒。桌上砚冻灯暗，只能拥袍读书。这是描写大寒时节的一首好诗。

文同，字与可，自号笑笑居士，梓潼人，曾著有《丹渊集》。文与可和苏轼既是亲戚又是忘年好友，文比苏大 19 岁，苏东坡在文与可面前是很谦逊的。文与可是画竹大师，自他以降，墨竹风行，学者众多，被人称为“湖州派”。他自己说：“画竹必先胸有成竹，不能节节叶叶为之。”我们熟知的成语“胸有成竹”就是由此而来。苏东坡在《文与可画筼筜谷偃竹记》中也说：“故画竹必先得成竹于胸中。”

文与可竹子画得好，诗词也好。钱锺书评论他说：“文同是位大画家，他在诗里描摹天然风景，常跟绘画联结起来，为中国的写景文学添了一种手法。”画家写诗总是与众不同，始终是以写生的眼光去观景入诗，唐有王维，宋有文同。不过宋代诗人太多了，文与可并不是人人都喜欢的那种，故多部诗集中并没有收录他的诗词。如果没有苏东坡对他的欣赏，知名度就打折扣了。

大凡天才性格不免怪异，众人都知道文与可画竹，其作品一幅难求。开始大家也并不觉得有多贵重，于是人们拿着各种绫帛素绢站在文与可家门前等着让他画竹。文与可感觉非常厌烦，夺过这些人手中的绫帛素绢扔在地上，嘴里骂骂咧咧："我宁可把这些个东西做了袜子。"但是对谈得来的朋友，文与可却不计较，他给苏东坡的信中说："拟将一段鹅谿绢，扫取寒梢万尺长。"苏东坡笑说，如果你要画万尺长的竹梢需要二百五十匹绢。如果先生懒得画，我愿意拿走这二百五十匹绢。说得文与可无言以对。苏东坡答其诗曰："世间亦有千寻竹，月落空庭影许长。"文与可这才笑着说，东坡先生真能辩，如果真有二百五十匹绢，那我就买田回乡养老了。随即，文与可将一幅《筼筜谷偃竹图》送给了苏东坡。并说：'此竹数尺耳，而有万尺之势。"因为筼筜谷就在洋州，所以文与可命苏东坡写洋州十三咏，咏筼筜谷是其中之一，苏东坡诗云：

汉川修竹贱如蓬，斤斧何曾赦箨龙？
料得清贫馋太守，渭滨千亩在胸中。

当时文与可正在与妻子煮笋吃饭，看到苏东坡的诗函，笑得将饭喷了一桌子。可见文人间的友谊是建立在互相理解和包容上的。知音难得，文与可因为有苏东坡这样的好友，他的名声也如日中天。文与可画竹好，作诗也好。我觉得文与可的诗正如钱锺书先生评注，还是有独到之处的。

茶喝多了自然影响睡眠。宋朝时的饮茶与我们现在散茶沏泡不同，还是研饼煎茶。炉火不仅是为了煮茶，还有取暖之意。记得早年间的北方家乡，家家火炉、灶口一把茶壶，时时冒着热气，旁边一个有着黑漆漆茶渍的大茶缸，泡着酽茶。不管是上学的、

明·王谔《瑞雪凝冬图轴》

雨雪霏霏

大寒：大寒须遣酒争豪

还是上班的人们回到家里，都会被那一把冒着腾腾热气的茶壶感动。屋外大雪纷飞，屋内温暖如春。南方人过冬，在屋子里照样穿着羽绒衣，还不如屋外的阳光温暖，如果不习惯还真是不好过。故北方人的家在冬天更有一番温暖在心里。诗人是浪漫的，尽管冰天雪地，但在他们的眼里依然是很美的。所以，诗人描写冬天的诗句写得非常美。最有气势的当属毛泽东的《沁园春·雪》，上阕：

北国风光，千里冰封，万里雪飘。望长城内外，惟余莽莽，大河上下，顿失滔滔。山舞银蛇，原驰蜡象，欲与天公试比高。

很是不凡。

大寒是二十四节气中的最后一个，也是北方最寒冷的季节。

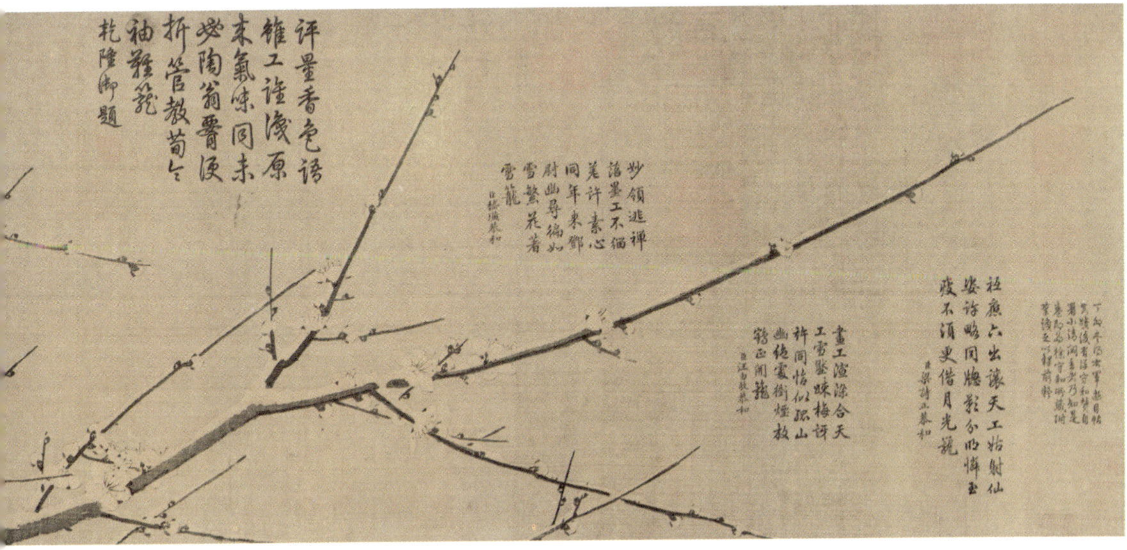

◎ 南宋·徐禹功《雪中梅竹图》

《三礼义宗》记载：

> 大寒为中者，上形于小寒，故为之大。自十一月一阳爻初起，至此始彻，阴气出地方尽，寒气并在上，寒气之逆极，故谓之大寒也。

虽说二十四节气是根据黄河以北地区的地理环境和气候变化而确定的，但是江南与沿海地区在大寒时节还是会遇到频繁的强冷空气，气温骤然下降。农家总结得好：“小寒不如大寒寒，大寒之后日渐暖。”

文与可此后去湖州任职，元丰二年（1079）正月二十日，走到陈州（河南淮阳）病死在路上，享年六十一岁。这一年，苏轼遭遇“乌台诗案”，虽然最终保住了性命，但是被贬为黄州团练副使。路过文与可家时还小住几日。当年七月七日，苏轼在湖州晒书画，看到文与可为他画的《筼筜谷偃竹图》，失声痛哭，悲痛之中，写下了《文与可画筼筜谷偃竹记》，以纪念文与可。尽管文与可没有到湖州任上，后人依然把他称作“文湖州”，他也成了“湖州派”墨竹的领军人物，影响了后世近一千年。

我对杭州的展览很失望，文湖州画的竹子是复制品，其余都是后世人的作品，倒不如另一个当代全国画竹名家作品的展览。

明·魏克《金陵四季图》

春節

春节：除夕更闲人不睡

除夕更闌人不睡

古时春节称为元旦，这一天必须喝屠苏酒，而且颇有讲究。先说这屠苏酒是怎么回事，《岁华纪丽》记载：

> 俗说屠苏者，草庵之名也。昔有人居草庵之中，每岁除夕，遗里闾药一贴，令囊浸井中。至元日，取水置于酒樽，合家饮之，不病瘟疫。今人得其方而不识名，但曰屠苏而已。

喝屠苏酒也并不简单，《容斋续笔》中说："今人元日饮屠苏，自小者起，相传已久，然固有来处。"为什么从年纪小的开始饮呢？晋代董勋说，因为过一年，小的得了一岁，而老的丢了一岁，所以老的后饮。那位调侃白居易“长安米贵，居者不易”的顾况有诗曰：

不觉老将春共至，更悲携手几人全。
还丹寂寞羞明镜，手把屠苏让少年。

现在我们除夕已经不守岁了，央视的春节晚会还没结束，屋子里已经是鼾声大作了。古人却把守岁看得很重，尤其是孩子们更是闹腾一夜。回忆少年时期，守岁的确是一年中最激动的时候，那时没有电视，只是在院子里放炮捉迷藏戏耍。

嘉祐八年（1063）除夕夜，在凤翔任判官的苏轼家里却是另一番光景。苏轼的一首《守岁》诗正是描写那一晚的心境：

欲知垂尽岁，有似赴壑蛇。
修鳞半已没，去意谁能遮。
况欲系其尾，虽勤知奈何。
儿童强不睡，相守夜欢哗。
晨鸡且勿唱，更鼓畏添挝。
坐久灯烬落，起看北斗斜。
明年岂无年，心事恐蹉跎。
努力尽今夕，少年犹可夸。

那一年苏轼二十六岁。按理说，此时的苏轼还很年轻，岁月对他来说是可以任意挥洒的奢侈品。除夕之夜，他却感到了岁月远去的无奈。逝去的岁月犹如幽壑上的蛇，尽管想拉住它的尾巴但也只是徒劳。以蛇比岁，实为新颖，这就是苏轼。当时他膝下只有一个五岁的儿子苏迈。大人们陪着孩子守岁，而且写出了大人和孩子不同的细腻情感。孩子“强不睡”，大人“坐久灯烬落”。此时，他的弟弟苏辙在京师陪伴父亲苏洵。苏轼希望两地共同守岁，珍惜年华。诗句很长，但最后两句“努力尽今夕，少年犹可夸”是诗的诗眼，读后使人精神振奋。

守岁的风俗历史悠久，西晋周处有《风土记》说：

> 除夕之夜，各相与赠送，称为“馈岁”；酒食相邀，称为“别岁”；长幼聚饮，祝颂完备，称为“分岁”；大家终夜不眠，以待天明，称曰“守岁”。

尽管不是京师，午夜时分的屋外已是“闻爆竹声如击浪轰雷，遍乎朝野，彻夜无停”，待明日，“新衣冠，肃佩戴，祀神祀祖，阖家团拜，出门迎喜，具柬贺节，路遇亲友，则降舆长楫，而祝之曰：新喜纳福”。北方过年风俗大同小异。一样会挂神像，摆香案，祈祷一年平安。

按照风俗这一天会有很多忌讳。比如，忌扫地、用火、汲水和做针线活。还有倒垃圾、倒粪便，也忌喝粥汤等。春节一大早，香案陈设好，还要由一家之主带领全家子孙跪拜祖宗，然后就可以相互走动拜年。但是，也不是家家如此。如果碰到事情，那这过年就是另一番气氛了。我们来看看苏轼在春节期间发生过什么。

元丰二年（1079），发生了历史上著名的“乌台诗案”，这年苏轼四十二岁。这是他一生中最倒霉的开始。他因此入狱，并且做好了赴死的准备。在他入狱132天之后，皇帝也许是出于爱才，忽然改了主意，除夕之夜苏轼被放回家，改判贬谪为黄州团练副使。这是他的仇敌们不想看到的。

雨雪霏霏

春节：除夕更闲人不睡

清·董诰《高宗御笔甲午雪后即事成咏诗》

当年的大年初一清晨，苏轼启程前往黄州，他的儿子苏迈陪着他向南而去。四天之后，来到陈州（今河南淮阳），住在表兄文与可家里。前一年正月二十日，文与可在赴湖州任职的路上去世，此时距文与可去世已经一年了。这一年的春节，苏轼就是在悲愤和凄凉中度过。然而，使他欢欣的是他能与弟弟苏辙在陈州相见。

绍圣元年（1094）十月，苏轼被贬到惠州，两个月后在此地度过了第一个春节。每逢佳节倍思亲。苏轼想念着远方的弟弟，想起过去在京师时的日子，感慨万千：

前年侍玉辇，端门万枝灯。
壁月挂罘罳，珠星缀觚棱。
……
牙旗穿夜市，铁马响春冰。
今年江海上，云房寄山僧。
亦复举膏火，松间见层层。
……

诗很长，我们不能全部引用，但是看得出他还是怀念在京师时的日子。因为离家人越来越远，表面上似乎没有什么牵挂，但内心的痛苦是难以压制的。不忧郁不成诗人，所以诗人有时候是浪漫的，但更多的时候是忧郁的。心态的乐观，并不能说他忘掉了一切。

绍圣四年（1097）五月，苏轼再贬为琼州别驾，昌化军安置。他将家先寄托在惠州，自己带着小儿子苏过渡海前往海南。此时的他有些绝望了，他在《澄迈驿通潮阁》诗中无奈地说："余生欲老海南村。"

去年冬月，我由三亚驾车从东线经过琼海到达海口，此次的目的地是儋州的东坡书院。苏东坡当年渡过琼州海峡，第一站是海口。我在海口的“五公祠”中看到了苏轼的足迹。“五公祠”里供奉的分别是唐朝的李德裕，就是那位喝茶特别讲究水的宰相。李德裕最后病死在崖州。宋朝的李刚、李光、赵鼎、胡诠等也都被流放至此。

到达海口后的苏轼并不落寞，当地官员、文人纷纷请客招待，苏轼心里似乎感觉舒服一些，但又不敢张扬，生怕传到京师，罪加一等。苏轼先去澄迈看望老友，登上通潮阁，留下两首诗。他的脚落在了儋州的中和镇。

我是提前在儋州预订了酒店。出海口走西线高速，从儋州出高速。看到路旁有“东坡书院十六公里”的标志，但是导航的酒店目标是儋州市区，无奈只好跟着导航，走了四十几公里才到了儋州。既来之则安之，休息一夜。第二天一早原路返回，直达东坡书院。这一天下着小雨，时间尚早，游人不多。漫步在书院花园，花草正盛，鸟鸣破幽，此时正好静静地感受当年苏轼在此会友、讲学的情景。

元符三年（1100），苏轼在儋州中和镇度过了第三个春节，也是他在海南的最后一个春节，更是他此生最后一个春节。宋徽宗建中靖国元年（1101），苏轼被赦免北归，他乘着马车从儋州向海口走去，几天后，一艘船载着东坡居士渡过琼州海峡，如仙人一样离开了海南。此时的他完全想不到自己所到之处，万人空巷，争着目睹这位当代大文豪。他有些自豪地说：“问翁大庾岭上住，曾见南迁几个回？”的确如此，被贬到雷州的寇准，海南的李刚、赵鼎等，全都死在了当地，而东坡却能回归北方，这与他天生乐观的心态不无关系。正如他顶着风雨高唱着“谁怕，一蓑烟雨任平生”，笑对自己“问汝平生功业，黄州惠州儋州”。《鹤林玉露》中记载：苏轼被贬之后曾经有一术士测字，说苏轼，字子瞻，贬儋

清·丁观鹏《高宗御题范成大爆竹行轴》

雨雪霏霏

春节：除夕更闲人不睡

州，与儋州之儋字接近，从人旁，结论是苏轼尚能北归。

我已经在海南过了四个春节，原本想今年在北方过冬，但还没进入三九，天气已经是开始冷了，现在的身体很难再适应北方的严冬。想想当年赵鼎、李刚等身为宰相流放于此，此生再无希望回到北方的家乡，悲观至极，死在崖州。虽东坡乐观，但也不存回归的念头，想着会老死海南村。按今日的条件，如果东坡尚在一定不愿意北归，更不愿意回到斗争惨烈的朝廷。

立春

立春：春蒿春韭试春盘

青蒿春韭試春盤

元符三年（1100），这一年宋徽宗赵佶登基。苏东坡在儋州迎来了第二年立春，春天总是给人带来希望的。当年五月，朝廷大赦，苏东坡被平反北归，这一年他六十五岁。在儋州他写下了一首立春的词《减字木兰花·立春》，词曰：

> 春牛春杖，无限春风来海上。便丐春工，染得桃红似肉红。
>
> 春幡春胜，一阵春风吹酒醒。不似天涯，卷起杨花似雪花。

后世诗人评论说，东坡的“染得桃红似肉红”俗也。岂不知，东坡晚年已然无俗无雅，写来皆合理。晚年的齐白石的画也是如此，画虾足无所谓多少，都是合理的，正是应了东坡诗词之句大俗即大雅之意。

立春是一年之中的第一个节气。《周书时训》曰：

立春之日，东风解冻。又五日，蛰虫始振。又五日，鱼上冰。

可见，立春为一年之始，后面的节气都是由此算起。历史上的立春之日仅次于春节的隆重，因为立春总是给人以生机勃勃的印象。从小生活中在城市，关于立春的民俗远远不及春节印象深。孩提时代的节日节气最有印象的就是吃，而古人却是在节日节气中留下最美好的记忆。《清嘉录》记载：

立春日，太守集府堂，鞭牛碎之，谓之“打春”。农民竞以麻、麦、豆，抛打春牛。里胥以春毬相馈贻，预兆丰稔。百姓买芒神、春牛亭子置堂中，云宜田事。

立春之日，当地太守将一头泥做的假牛放在府衙大堂，请农民和管村庄的里长用各种麦子、豆类等农作物来击打春牛，直至碎掉，以预示今年是个好年景。还有将打碎的农作物带回家煮汤给小孩子喝，寓意一年健康好养，这就迷信得有些不妥了。

最早的用彩杖打牛始于隋代，也就是后来的“打春”。孟元老《东京梦华录》记载：“立春绝早，府僚打春，府前百姓卖小春牛。”什么节做什么买卖，农民知道在立春时节要做各种材质的春牛到府衙门前来卖。

吴自牧的《梦粱录》就说得更为详细了：

至日侵晨，郡守率僚佐以彩仗鞭春……街市以花装栏，坐乘小春牛，及春幡、春胜，各相献遗于贵家宅舍，示丰稔之兆。

每逢立春之日，官民共同“打春”成为一大风俗。除此之外，还有“拜春”之说。立春这一天还叫“春朝”，官家与民同乐，互相拜春。用面粉制成丸子敬献神仙，供奉祖先。这一天的隆重程度仅次于正月初一，和冬至一样。这些年到粤西地区比较多。虽然粤西地区经济不像粤东地区发达，但是民俗文化却保留得非常传统。想来也是，当年岭南、海南乃荒蛮之地，其中原文化习俗多是由流放此地的文人官员带来的。最为明显的就是雷州半岛。

立春时节的诗人们，不一定有百姓那么快乐。诗圣杜甫也有写立春的诗，只是他的诗写实且悲凉，偶有写出了轻松欢快的句子。难怪元稹在为杜子美书墓志铭时说：

至于子美，盖所谓上薄风骚，下该沈、宋，言夺苏、李，气吞曹、刘，掩颜、谢之孤高，杂徐、庾之流丽，尽得古今之体势，而兼人人之所独专矣。

我觉得唐诗所表现的美是从细节中体现出来的。我很佩服杜甫在《立春》的诗中，通过诗人的眼光，表现出一个诗人独特的审美观。其诗曰：

明·顾正谊《开春报喜轴》

雨雪霏霏

立春·春蒿春韭试春盘

春日春盘细生菜，忽忆两京梅发时。
盘出高门行白玉，菜传纤手送青丝。
巫峡寒江那对眼，杜陵远客不胜悲。
此身未知归定处，呼儿觅纸一题诗。

但最终还是走向沉重的诗句。立春的菜最早的大概就是春韭了，嫩绿的韭菜，装在白玉般的盘中，这种对比强烈的色彩，更让人感觉到了春天的到来。苏轼也说过："渐觉东风料峭寒，青蒿黄韭试春盘。"辛弃疾也有立春词句曰："年时燕子，料今宵梦到西园。浑未办，黄柑荐酒，更传青韭堆盘？"是不是也是白瓷如玉之盘？古代诗人的作品，除了音律的严格，修辞的严谨，我觉得还有就是色彩的调和。你看，白盘与青韭，纤手与青丝，画面感极强，所以后世多有人画杜甫、苏轼的诗意图。

立春这一天是有许多讲究的。老百姓家里都要吃春饼，姥姥也不例外，一早起来准备一家人吃的春饼原料。春饼其实就是煎饼，是立春的必食之物。待到二月初二"龙抬头"时还要吃饼。那时要吃"剥龙皮"，寓意当年求雨得雨，风调雨顺。做煎饼的锅应该叫作鏊子，生铁铸的，直径不大，中间凸起，四周深凹。用得久了，黑亮黑亮的。煎饼的面和得很稀，有些像面浆。等鏊子热了，用玉米芯蘸一些油刷在鏊子四周，一勺子面倒在鏊子的中心，很快向四周流淌下去。此时的火很旺，面很薄，很快就熟了，而且不必翻，所以一面略焦黄，一面白嫩。不像山东煎饼那么干脆。在做饼之前是要做一大盆凉菜用来卷着吃的。菜是已经拾掇好了的：绿豆芽、土豆丝焯水后凉凉，粉丝、黄瓜丝、胡萝卜丝、豆腐丝、菠菜叶等，浇香油、盐等调料，放在一只青花大盆里。煎饼平摊在盘子上，将菜夹在中间，像叠被窝一样把煎饼卷起来吃，面香菜香，再熬一大锅小米南瓜稀饭，好吃得不得了。小时候贪吃，难得逢年过节，一口气能吃十几张。尽管院子里家家都做春饼，但姥姥还是踮着脚给各家送几张。

春打六九头，但是北方的春天来得比较晚一些。尤其碰上倒春寒，更是春寒凛冽，冻手缩脚。那时候北方的冬天要比现在冷得多，如果没有棉衣棉裤棉鞋那是过不了冬的。好在家里有炉子，屋檐下的铁皮烟筒还吊着黄黄的冰凌，屋子里还是温暖如春。

我已经在海南过了四个冬天，自己流放自己。今日之海南已然不是苏轼时的海南，候鸟式的生活方式对吾等是比较合适的。也许是巧合，在三亚书斋里写这篇文章之际，恰逢庚子立春日。于是拣一张花笺，抄录苏轼的春词，感觉苏轼还在儋州，吃着生蚝，品着米酒，与桌前老友聊着今年的农活光景。

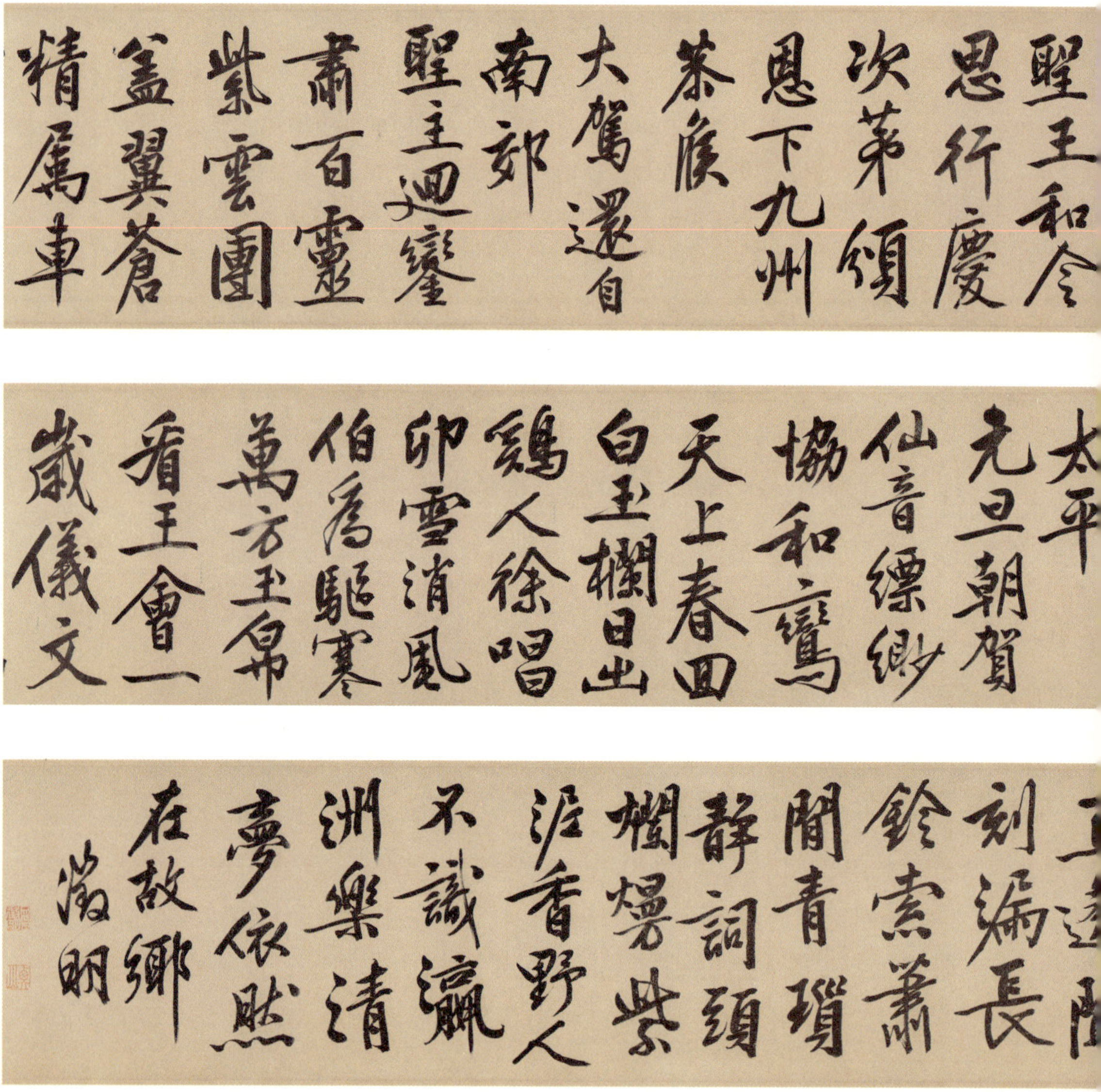

明·文徵明《立春进贺帖》，又名《行书自作诗卷》

立春進賀
玉殿千官
拜冕旒
紫衣京兆
在前頭四
時盛德初
從木先日
歲寒冬已
送牛氣
轉蒼龍
當法駕
風回明庶

鈎履星辰
麗先
駕旂常
日月明十
里春風
傳警蹕
萬方和
氣協韶
護白頭欣
覩朝元
盛顧續

重履端
滿目昇平
顯不得白
頭慚愧直
金鑾
內直有感
天上樓臺
白玉堂白
頭來作秘
書郎退
朝每傍

认识董老是在他国企高管退休，开始『重估价值』的人生阶段。那时候他恢复写作不久，绘画以小幅的虫草花鸟居多。至今还记得2015年夏天送我的那只蝉，薄薄的蝉翼似乎随时会从纸上振翅而起。六七年过去了，我江湖飘零日多，真正相见、相聚的次数很少。眼看着董老一步步『童心来复梦中身』：写作由行旅散文、茶文化而至传统生活美学，书法也越来越松、活，绘画则从虫草走向更为宏阔的山水写意。

董老说：『因为喜欢写字而寻求各款花笺，因为喜欢品茶而读了不少茶诗，因为喜欢古代诗人们的茶事而写了几十篇文章。』之所以写作这本《四时之美》，其实也是因为往昔岁月的不可得、不可及，并非只是为了纾解疫情期间困居的苦闷。

后记

庾信文章老更成

古典中国，书画文章是读书人需要接受的基础训练。成年后或仕或隐，甚至如傅山晚年避世为道为医，道德文章是其伴随始终，调和自身与外界冲突的媒介，生命最后的栖居之所。

杜甫说『文章千古事，得失寸心知』，这种确乎其不可拔的价值感、安定感，在苏轼身上也很突出。去世前两个月的北归途中，他在真州作了一首诗：『心似已灰之木，身如不系之舟。问汝平生功业，黄州惠州儋州。』这里面有他对生命『存在』的体认，对命运的无奈、反讽，也是如托尼·朱特般人到晚年的『价值重估』：很显然，黄州的前后《赤壁赋》、《寒食帖》，『竹杖芒鞋轻胜马，一蓑烟雨任平生』，惠州的『罗浮山下四时春』，儋州的『敛收平生心』，是更能穿越时间、穿透人心的东西。最近买了一款香方『二苏旧局』，陈云君先生也是借此名字纪念东坡兄弟的情谊。

庾信的《哀江南赋》写得笔力沉雄、真挚感人，陈寅恪先生考订是其暮年所作。细品董老近年来的文章、书画，也有类似的『内在动力』：是历经世事后面对命运的种种沧桑、洞明，以及来者可追的悲欣交集。

辛丑大暑中伏，冯俊文于江西

傅山在书法艺术上主张『宁拙毋巧』，董老似乎得了这个山西先贤的精髓。这些年他走得从容稳健，不断『找自己』，而且越来越清晰、透彻、广大。因为自小喜欢画画写字，多年坚持不辍地日课临帖，如今已隐隐成名成家，有条不紊地讲学、办展、带学生。最难得的是，所经见董老的变化都是水到渠成内生的，自然也就呈现出一股妥帖安稳的样态。

其实，多年前和董老一见定交，也是被他身上这种从容、谦和的风度所感染。从《观自在》《花笺茶事》到这本《四时之美》的出版，于我而言是『小径分岔路口』，更关乎人的相知相感而非事业本身。日前，董老《啜英咀华：董联桥茶文化书画小品展》在北京举办，集了四句杜甫的诗致贺：

画图省识春风面，半入江风半入云。焉得思如陶谢手，庾信文章老更成。

且告子細說與纔取得即納去
郵寄團茶一餅與之旌其好事
也
軾白
季常
廿三日

一夜尋黃居寀龍不獲方悟半
月前是曹光州借去摹搨更須
一兩月方取得

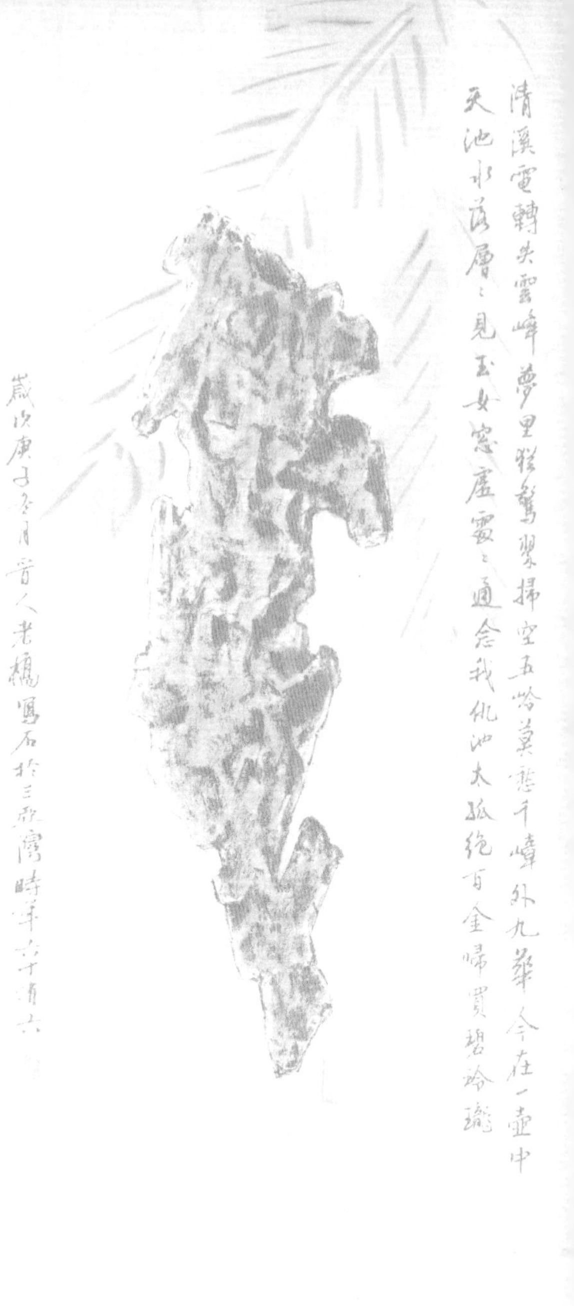
清溪電轉失雲峰夢里猶驚翠掃空五嶺莫愁千嶂外九華今在一壺中
天池水落層層見玉女窗虛處處通念我仇池太孤絕百金歸買碧玲瓏
歲次庚子冬月
時年六十有六

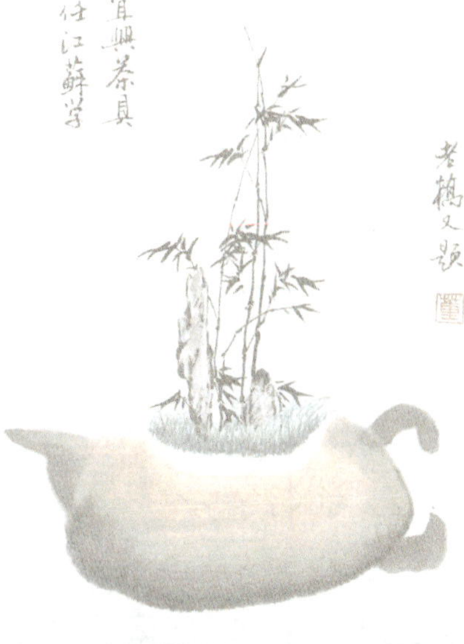

風露越窑質月團
天上輪嘉名襲陳
壽雅制奪龔春香
入篆烟久雨催詩
味新與君破孤悶
同是素心人
清邵傳蓀作謝李島惠宜興茶具
先生乃山西壽陽人氏曾任江蘇学
政與紫砂結緣
辛丑春日晋人老樵寫意
留得殘壺好種艸
老樵又題

吟自在詩
酖懽喜茶
辛丑春日晋人老鶴寫

高〻山崖寵閑情
曲徑石階春晝晴
無事偶來成獨坐
遠飄風度煮茶聲
庚子冬月老樵

明月別枝驚鵲清風半夜鳴蟬
稻花香里說豐年聽取蛙聲一
片七八個星天外兩三點雨山前舊
時茅店社林邊路轉谿橋忽
見

辛稼軒之西江月詞一首

晋人老樵錄

秋風清秋月明落葉聚
還散寒鴉栖復驚相思
相見知何日此時此夜難為
情

太白三五七言

辛丑夏月晋人老樵錄之

缺月掛疏桐漏斷人初靜時見幽人獨往來縹緲孤鴻影驚起卻回頭有恨無人省揀盡寒枝不肯棲寂寞沙洲冷

東坡卜算子詞一首

辛丑夏日晉人老樹書

山光忽西落池月漸東上散髮乘
夕涼開軒卧閑敞荷風送香氣
竹露滴清響欲取鳴琴彈恨無
知音賞感此懷故人中宵勞夢
想

孟浩然之夏日南亭懷辛大

辛丑夏日晋人老樵書

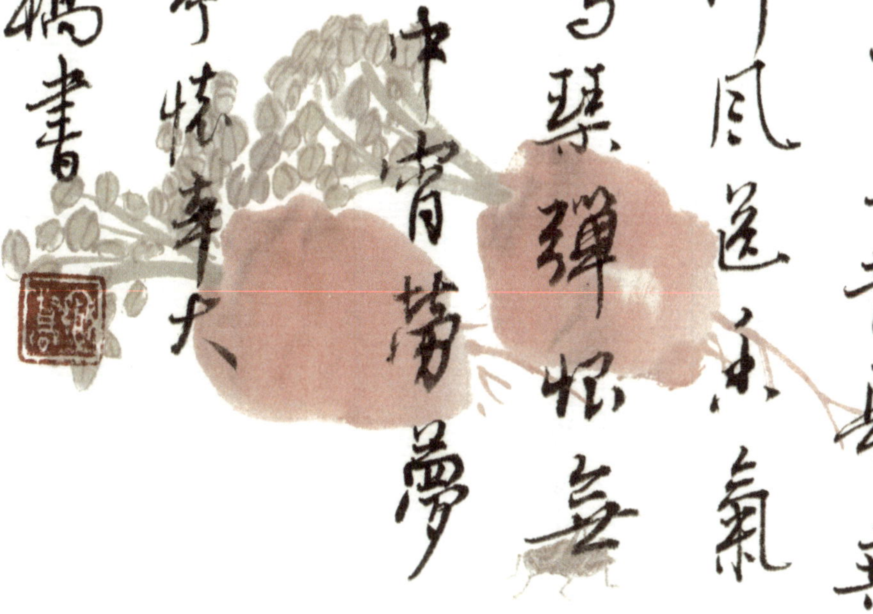

春日春盤細生菜
忽憶兩京梅發時
盤出高門行白玉
菜傳纖手送青絲
巫峽寒江那對眼
杜陵遠客不勝悲
此身未知歸定處
呼兒覓紙一題詩

杜甫立春詩 老樵書

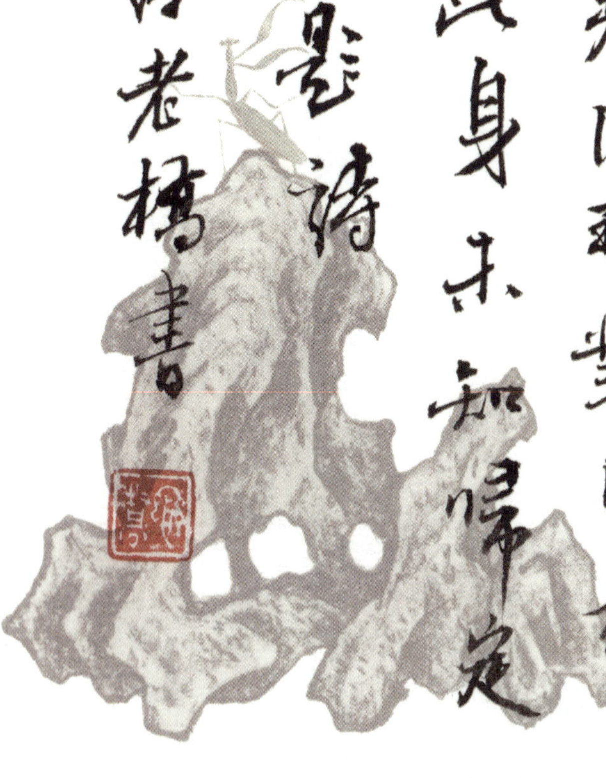

洛陽城里見秋風欲作家書
意萬重復恐匆匆說不盡行
人臨發又開封
張籍秋思詩一首
辛丑立秋老楠之

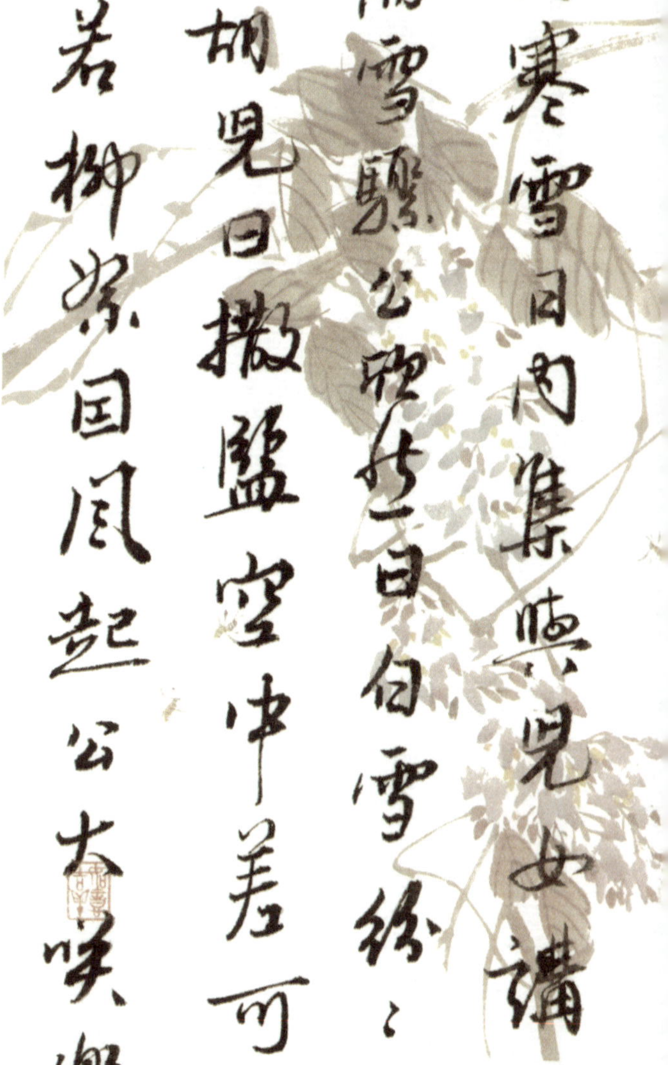

謝太傅寒雪日内集與兒女講論文義俄而雪驟公欣曰白雪紛紛何所似兄子胡兒曰撒鹽空中差可擬兄女曰未若柳絮因風起公大笑樂即公大兄無奕女左將軍王凝之妻也

世說新語詠雪事 老樵錄

屋上春鳩鳴村邊杏花白持
斧伐遠揚荷鋤覘泉脈歸燕
識故巢舊人看新曆臨觴
忽不御惆悵遠行客

辛丑夏日晉人老穡錄摩詰
居士詩時年六十有七

春日春盤細生菜忽憶兩京梅
發旹盤出高門行白玉菜傳纖
手送青絲巫峽寒江那對眼杜
陵遠客不勝悲此身未知歸定
處呼兒覓帋一題詩

杜甫立春詩老樵書